ROTEIRO TURÍSTICO
É ASSIM QUE SE FAZ

ADMINISTRAÇÃO REGIONAL DO SENAC NO ESTADO DE SÃO PAULO
Presidente do Conselho Regional: Abram Szajman
Diretor do Departamento Regional: Luiz Francisco de A. Salgado
Superintendente Universitário e de Desenvolvimento: Luiz Carlos Dourado

Editora Senac São Paulo
Conselho Editorial: Luiz Francisco de A. Salgado
Luiz Carlos Dourado
Darcio Sayad Maia
Lucila Mara Sbrana Sciotti
Jeane Passos de Souza

Gerente/Publisher: Jeane Passos de Souza (jpassos@sp.senac.br)
Coordenação Editorial/Prospecção: Luis Américo Tousi Botelho (luis.tbotelho@sp.senac.br)
Márcia Cavalheiro Rodrigues de Almeida (mcavalhe@sp.senac.br)
Administrativo: João Almeida Santos (joao.santos@sp.senac.br)
Comercial: Marcos Telmo da Costa (mtcosta@sp.senac.br)

Edição e Preparação de Texto: Vanessa Rodrigues
Coordenação de Revisão de Texto: Luiza Elena Luchini
Revisão de Texto: Albertina Pereira Leite Piva
Projeto Gráfico e Editoração Eletrônica: Veridiana Freitas
Fotos: Adobe Stock (capa), iStock (miolo)
Capa: Veridiana Freitas
Impressão e Acabamento: Gráfica CS

Proibida a reprodução sem autorização expressa.
Todos os direitos desta edição reservados à
EDITORA SENAC SÃO PAULO
Rua 24 de Maio, 208 – 3º andar – Centro – CEP 01041-000
Caixa Postal 1120 – CEP 01032-970 – São Paulo – SP
Tel. (11) 2187-4450 – Fax (11) 2187-4486
E-mail: editora@sp.senac.br
Homepage: http://www.livrariasenac.com.br

© Editora Senac São Paulo, 2020

Dados Internacionais de Catalogação na Publicação (CIP)
(Jeane Passos de Souza – CRB 8ª/6189)

Chimenti, Silvia
Roteiro turístico : é assim que se faz / Silva Chimenti, Adriana de Menezes Tavares. São Paulo : Editora Senac São Paulo, 2020.

Bibliografia
ISBN 978-65-5536-049-3 (impresso/2020)
e-ISBN 978-65-5536-050-9 (ePub/2020)
e-ISBN 978-65-5536-051-6 (PDF/2020)

1. Turismo 2. Mercado turístico 3. Roteiro turístico 4. Guia de turismo (profissão) I. Tavares, Adriana de Menezes. II. Título.

20-1100t CDD – 338.4791
BISAC TRV000000

Índice para catálogo sistemático:
1. Roteiro turístico 338.4791

ROTEIRO TURÍSTICO
É ASSIM QUE SE FAZ

Silvia Chimenti
Adriana de Menezes Tavares

Editora Senac São Paulo – São Paulo – 2020

PÃO DE AÇÚCAR, PRAIA VERMELHA, RIO DE JANEIRO (BRASIL).

SUMÁRIO

- 7   **NOTA DO EDITOR**
- 9   **AGRADECIMENTOS**
- 10   **INTRODUÇÃO**   O QUE É UM ROTEIRO TURÍSTICO (E O QUE NÃO É...)
- 18   **CAPÍTULO 1.**   ASPECTOS DA PROFISSÃO DE ROTEIRISTA E DO MERCADO TURÍSTICO
- 38   **CAPÍTULO 2.**   CLASSIFICAÇÃO E ELEMENTOS COMPONENTES DOS ROTEIROS
- 72   **CAPÍTULO 3.**   CARACTERÍSTICAS DOS ROTEIROS CONFORME OS DIFERENTES PÚBLICOS
- 110   **CAPÍTULO 4.**   PESQUISA DE MERCADO
- 120   **CAPÍTULO 5.**   QUESTÕES ESTRUTURAIS, ESCOLHA DOS LOCAIS E ASPECTOS CLIMÁTICOS
- 150   **CAPÍTULO 6.**   FORMATO DOS ROTEIROS, HORÁRIOS, SEQUÊNCIA DE ATRATIVOS E TEMPOS DE VISITAÇÃO E DESLOCAMENTO
- 176   **CAPÍTULO 7.**   SERVIÇOS INCLUSOS NO ROTEIRO
- 188   **CAPÍTULO 8.**   MONTAGEM DO ITINERÁRIO
- 202   **CAPÍTULO 9.**   ASPECTOS COMERCIAIS E FINANCEIROS
- 222   **CAPÍTULO 10.**   SISTEMA DE INFORMAÇÃO
- 234   **REFERÊNCIAS**
- 238   **ÍNDICE GERAL**

NOTA DO EDITOR

O turismo não é feito de visitas isoladas, mas pela visitação a atrativos ou locais inseridos em um conjunto maior, de facetas diversas: históricas, culturais, geográficas, ambientais.

Roteiros turísticos – agenciados ou não – constituem uma das principais formas de contextualizar os atrativos de uma localidade e chamar o público. Em destinos já conhecidos, são capazes de ampliar o período de permanência dos viajantes, intensificando a circulação da riqueza ali gerada. Em locais menos explorados, podem promover o desenvolvimento econômico de toda uma região.

Entretanto, não existem receitas prontas. O processo de elaboração de um roteiro não é linear; contém idas e vindas, adaptações e modificações, até ficar o mais próximo possível do ideal. Envolve conceitos de logística, organização e controle, mas é uma ciência humana, repleta de variáveis não controláveis. Embora nem sempre se consiga construir um roteiro "perfeito", é possível, sim, obter um produto de sucesso.

Com ampla bagagem na área e tradição no ensino profissional, com a presente obra o Senac São Paulo auxilia o leitor a estruturar um roteiro que articule todos os componentes de um produto turístico, facilitando sua venda e proporcionando, a quem viaja, uma experiência memorável.

AGRADECIMENTOS

Agradecemos imensamente a nossas famílias, nossos pais, companheiros, filhas e amigos, que sempre nos apoiaram, nos incentivaram e sofreram com nossa ausência em vários momentos durante o processo de preparação deste livro.

Dedicamos a eles com muito carinho mais esta obra e, bem.... queremos comunicar que, logo, logo, vem mais por aí.

O QUE É UM ROTEIRO TURÍSTICO

(e o que não é...)

INTRODUÇÃO

VISTA DO GLACIAR PERITO MORENO (PATAGÔNIA, ARGENTINA).

Elaborar um roteiro turístico definitivamente não é algo banal. Mesmo assim, de alguma maneira, parece que todos nós sabemos o que é um roteiro e como elaborá-lo; afinal, fazemos roteiros sempre em nosso dia a dia quando organizamos nossa agenda, certo? Quando definimos se, ao sair de casa, passaremos primeiro na padaria; depois, no banco, na casa lotérica e, então, no consultório do dentista. Muitos pensam que não deve ser muito diferente quando viajamos... Primeiro, este atrativo; depois, aquele, por aquela rua.... Deve ser por essa razão que muitas pessoas ainda acreditam que falar sobre roteiros turísticos seja falar do óbvio. Simples assim, não é mesmo? Não! Desculpe dizer, mas não é bem assim! Como afirma um antigo ditado, "o óbvio é a verdade mais difícil de enxergar".

> POR ATRATIVO ENTENDE-SE TODO E QUALQUER LUGAR QUE POSSA SER DE INTERESSE DOS TURISTAS E PASSÍVEL DE SER VISITADO (INTERNA E/OU EXTERNAMENTE).

A grande maioria das pessoas não conhece e não compreende os diversos elementos que compõem os roteiros turísticos, suas conexões e interdependências. E são justamente esses elementos interdependentes que diferem uma lista básica de locais a visitar de um itinerário turístico consistente, que possa ser considerado um produto comercializável, que seja bem elaborado, que tenha um propósito e que seja capaz de agradar ao público a que se destina.

Boa parte das pessoas monta roteiros turísticos de forma espontânea e intuitiva, construindo produtos comercialmente inviáveis, cheios de percalços, incorreções e vícios, que acabam sendo pouco interessantes ao público em geral (e, por incrível que pareça, às vezes desinteressantes e cansativos até para elas mesmas!). Muitas vezes, esses percursos são somente isso: percursos, caminhos, não roteiros de viagem estruturados, com objetivos bem definidos, operação logística organizada. Não são capazes de atender, ao mesmo tempo, às necessidades da oferta, da demanda e das localidades em que são realizados.

Obviamente, quando um roteiro é elaborado para ser realizado estritamente pelo viajante, por seus parentes e amigos, os problemas enfrentados – provavelmente por serem de sua própria responsabilidade – são tratados com menor rigor, mais facilmente perdoados e podem até virar motivo de piada ao final da viagem.

Imagine a seguinte situação: uma família resolve fazer um roteiro percorrendo o litoral de determinado país. Acordam às 7 horas, tomam café, fecham as malas, preparam alguns lanches e saem da pousada em direção à próxima praia. A estrada é bastante bonita, param em algumas praias desertas, tiram fotos, mergulham, descansam e tomam sol; entretanto, já passa bastante da hora do almoço, e ainda não encontraram um lugar adequado para comer. Estão todos com sede e fome (a água e o alimento que tinham levado acabaram há algum tempo). As crianças estão reclamando. Alguns precisam ir ao banheiro, e o calor está infernal. É bem capaz que o dia, antes adorável, tenha começado a se transformar em um verdadeiro inferno, com mau humor reinante, discussões e acusações por qualquer razão. Apesar disso, após encontrarem um local agradável para comer e descansar, é provável que os ânimos se acalmem e a viagem continue sem maiores transtornos.

Imagine agora se a mesma situação acontecesse em um programa elaborado e comercializado por profissionais de uma agência de turismo. Profissionais esses que deveriam, supostamente, conhecer os pormenores dos locais, todos os componentes dos roteiros, suas estruturas, seus entraves, seus condicionantes, suas características técnicas, enfim, todas as facetas necessárias à elaboração de um bom roteiro turístico. Esses problemas não seriam tão facilmente perdoados, seriam? Afinal, ao participar de roteiros feitos por profissionais, nossas expectativas se tornam, com razão, mais elevadas.

Algumas das facetas existentes nos roteiros modificam completamente a estrutura necessária para que ele seja bem montado. Veremos, ao longo deste livro, suas amplas possibilidades de variação.

Embora elaborar roteiros turísticos seja uma atividade que envolva fortemente conceitos de logística, controle e organização, não é possível falar em receitas prontas. O processo de elaboração de um roteiro não é linear, mas repleto de idas e vindas, de adaptações e modificações até que ele fique o mais próximo possível do ideal. Precisamos sempre lembrar que o turismo é uma ciência humana, razão pela qual é muito difícil (para não dizer impossível) o controle absoluto de todas as variáveis. No decorrer do livro, veremos por que nem sempre conseguimos construir um roteiro "perfeito", embora seja, sim, possível elaborar um roteiro de sucesso.

CONCEITOS

É interessante notar a carência de conceituações sobre roteiro turístico. Por exemplo, Weissbach (2010, p. 1) afirma que, "embora o termo seja consagrado pelo uso, o mesmo não se encontra consolidado no meio acadêmico, e a literatura especializada peca pela falta de caracterização do termo".

Segundo Gonçalves e Ribeiro,

> em vista da importância que as rotas e os roteiros possuem para a atividade turística, observa-se a necessidade do aporte teórico-metodológico que afirme uma conceituação que possa contribuir ao planejamento, uma vez que há o pressuposto da problematização e da carência de um conceito unificado de rota e roteiro, no sentido de que os conceitos existentes na academia são parcialmente divergentes e ocasionam certa dificuldade ao pesquisador em encontrar um conceito que contemple metodologicamente a complexidade em torno, tanto da palavra em si, quanto seu significado e aplicabilidade. (GONÇALVES; RIBEIRO, 2015, p. 2)

Rotas, roteiros e itinerários turísticos são muitas vezes apresentados como sinônimos. Além disso, a maioria das definições é bastante simplista e não reflete a enorme importância dos roteiros como produto turístico, sua relevância para a experiência vivenciada pelos turistas, tampouco a complexidade e as diferentes características existentes nos roteiros.

Eis alguns conceitos e definições que encontramos em fontes diversas.

- [Roteiro] é o itinerário escolhido pelo turista. Pode ser organizado por agência (roteiro programado) ou pode ser criado pelo próprio turista (roteiro espontâneo) (SOUZA; CORREIA, 2000).
- Itinerário turístico é toda rota ou circuito que passa por um espaço geográfico determinado, onde se descrevem e se especificam os lugares de passagem, estabelecendo algumas etapas e tendo em conta as características turísticas próprias

- naturais, humanas, histórico-monumentais – relacionadas com a zona geográfica que se percorre tanto local quanto de comarca, regional, nacional e internacional; a duração; os serviços turísticos – hospedagem, meio de transporte etc. – e as atividades (Montejano, 2001).
- Os roteiros são itinerários de visitação organizados nos quais se encontram as informações detalhadas de uma programação de atividades turísticas, mediante um planejamento prévio (SILVA; NOVO, 2010).
- Caminho a ser percorrido, descrição pormenorizada de uma viagem, itinerário (BORBA, 2005).
- Itinerário de viagem, com descrição dos pontos de maior atração ou importância (CALDAS AULETE; VALENTE, 2019).
- Indicação de uma sequência de atrativos existentes em uma localidade e merecedores de serem visitados (BAHL, 2004).
- Descrição pormenorizada de uma viagem, itinerário; indicação metódica e minuciosa da situação e direção de caminhos etc. duma povoação; guia (FERREIRA, 2019).

Mesmo a definição do Ministério do Turismo não contempla os aspectos operacionais. Segundo o MTur (BRASIL, 2010, p. 13), "podemos entender roteiro turístico como um itinerário caracterizado por um ou mais elementos que lhe conferem identidade, definido e estruturado para fins de planejamento, gestão, promoção e comercialização turística das localidades".

Como já mencionado no livro *City tour* (TAVARES, 2002), é importante ressaltar que roteiros turísticos não são e não podem ser entendidos somente como uma sequência de atrativos a serem visitados, pois representam também uma relevante ferramenta para a leitura da realidade existente e da situação sociocultural vigente na localidade. É necessário que os roteiros sejam coesos e contextualizados, o que proporciona uma visão abrangente e clara dos locais visitados. Um roteiro mal elaborado – ou elaborado por pessoas que não possuam a devida formação humanística e bons conhecimentos culturais – corre o risco de ser incoerente em relação à história da localidade e, muitas vezes, de não ser capaz de mostrar a cultura e a "alma" do local.

Neste livro, desenvolveremos o tema a partir de nosso entendimento do que seja roteiro turístico, que contempla os diferentes conceitos apresentados pelos diversos órgãos e autores pesquisados, bem como nossa experiência profissional (e também pessoal) no turismo: o roteiro é um importante produto cuja composição inclui a visitação planejada a um ou mais atrativos e localidades e que pode contar com serviços turísticos e de apoio agregados, todos organizados de forma lógica e coerente com a proposta preestabelecida e também com a caracterização de sua demanda e suas necessidades, o que permite, além de uma boa leitura da realidade existente, o fomento da economia da região, bem como sua divulgação e a exploração ordenada e sustentável do espaço e da cultura local.

QUEM FAZ

O termo roteirista é utilizado nas artes cênicas para definir o profissional que escreve um roteiro para televisão, teatro ou cinema, a partir de uma narrativa; nesses roteiros, o profissional, após estudar o conteúdo da história, indica diálogos dos atores, detalhes da iluminação, posicionamento de câmera, entre vários outros detalhes. Sem o roteirista, ninguém saberia de que forma contar a história.

Em turismo, o profissional de roteiros estuda o espaço, a cultura, os atrativos, os serviços etc. para indicar os locais a visitar, os serviços a utilizar, o caminho a seguir. Sem esse profissional, ninguém saberia como visitar as localidades. Um roteiro a ser realizado é como uma história a ser contada.

Por analogia, em turismo consideramos o "organizador de roteiros" um roteirista turístico. E essa é a forma como trataremos o profissional neste livro. Ou, resumidamente, roteirista.

ASPECTOS DA PROFISSÃO DE ROTEIRISTA E DO MERCADO TURÍSTICO

CAPÍTULO 1

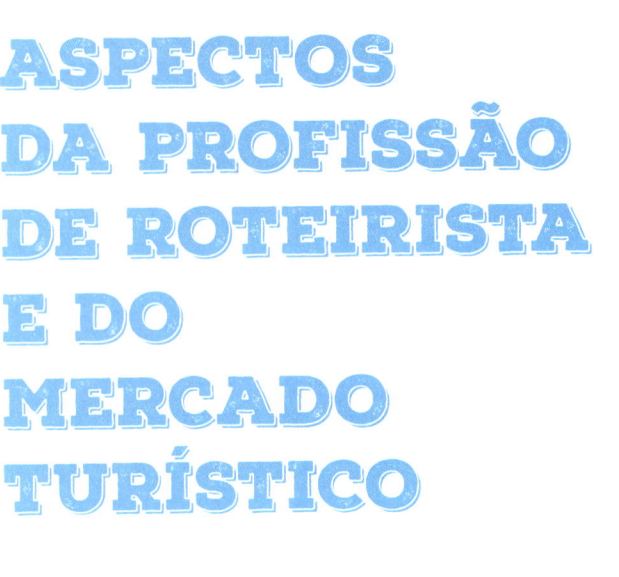

CITY TOUR EM DUBLIN (IRLANDA).

O PROFISSIONAL

A relevância dos roteiros na área de turismo é tamanha que os cursos técnicos e superiores costumam destacar um componente curricular para seu estudo. Quando não o fazem, o tema costuma permear a grade curricular e ser assunto de várias aulas. Da mesma forma, o profissional que se empenha nessa especialidade tende a ser valorizado como tal e costuma ser contratado com esse fim: roteirizar.

Conforme a característica e o tamanho da empresa, esses profissionais responsáveis pelos roteiros podem ser divididos por regiões de domínio, como Europa, Ásia, Américas ou Roteiros pelo Brasil. Em caso de empresas que trabalhem somente com roteiros nacionais, é possível ter de se especializar em regiões – por exemplo, Norte e Nordeste, Sul e Sudeste.

Quem elabora os roteiros pode ser contratado como gerente, supervisor, analista, consultor, técnico ou agente de viagens. O profissional de roteiros usualmente trabalha nos setores de operações, cotações, logística ou na área comercial. Não há um consenso em relação à nomenclatura: a denominação que se dá a essa função também depende da empresa. No mercado, vemos a tarefa ser exercida por profissionais designados como planejadores, roteiristas, roteirizadores, operadores e agentes, entre outros.

Entre as atividades do roteirista turístico, destacam-se:

- pesquisa de mercado (oferta e demanda);
- análise das necessidades e preferências da demanda;
- pesquisa de tendências de mercado;
- mapeamento de atrativos e serviços;
- análise dos atrativos;
- estudo geográfico (clima, cartografia, condições de trânsito, tábua de marés, fuso horário etc.);
- contato com fornecedores, parceiros e outros profissionais da área;
- checagem e solicitação de autorizações diversas (locomoção, estacionamento, vistos, visitas em parques nacionais etc.);

- cotação e negociação de preços;
- teste de roteiro;
- precificação de produto;
- elaboração de projetos, apresentações, planilhas e relatórios;
- acompanhamento e análise de roteiros e seu ciclo de vida;
- elaboração, aplicação e análise de pesquisas de opinião.

Diante de todas essas tarefas, para exercer a função de roteirista é aconselhável que o profissional tenha – ou desenvolva – certas competências e habilidades, como:

- organização;
- facilidade de trabalho em equipe;
- boa noção geográfico-espacial;
- conhecimento e capacidade de análise sobre comportamento do consumidor;
- domínio de idiomas (conforme as áreas turísticas com as quais for trabalhar);
- boa capacidade de observação;
- boa capacidade analítica;
- bons conhecimentos gerais e específicos (conforme as áreas turísticas com as quais for trabalhar);
- capacidade de argumentação e negociação;
- proatividade;
- conhecimentos de informática;
- conhecimentos de cálculos matemáticos;
- flexibilidade e jogo de cintura;
- criatividade;
- curiosidade;
- bom senso.

Para articular essas competências e habilidades, não basta que o roteirista seja uma pessoa interessada, viajada e bem-intencionada; é preciso conhecer o setor a fundo e compreender o turismo como um fenômeno de questões interdependentes e de múltiplas possibilidades. Portanto, é importantíssimo que seja um profissional formado na área. Além disso, quanto maior for sua especialização, em tese melhores serão os roteiros que elaborará (ou menos passíveis de erros).

Mesmo com todas essas qualificações, o produto roteiro muitas vezes precisa de uma equipe multidisciplinar para ser montado. Não se espera, por exemplo, que uma única pessoa domine todas as questões referentes aos cálculos financeiros da montagem dos valores do produto – é necessário o trabalho em conjunto com o setor financeiro/administrativo; nem mesmo que domine todos os aspectos históricos que envolvam o passeio (que devem ser de responsabilidade do guia de turismo).

O roteirista é o profissional capaz de alinhavar esses diversos conhecimentos e habilidades. Por essa razão, entre suas principais características estão a flexibilidade, o poder de negociação, a capacidade de trabalhar em equipe e de concretizar o trabalho de todos em um produto interessante e viável. É preciso que o profissional tenha a humildade de admitir que não sabe tudo e que não pode – nem deve – fazer tudo sozinho. Mesmo para roteiros menores, elaborados para uso individual e não comercial, muitas vezes é preciso consultar outros profissionais.

NOMES E SIGNIFICADOS DE PRODUTOS TURÍSTICOS

Um dos grandes impasses que encontramos no estudo dos roteiros refere-se às nomenclaturas utilizadas para denominá-los. É possível encontrar diversos termos sendo utilizados, como circuitos, rotas, itinerários, caminhos, tours, percursos e estradas, entre outros.

Mas cada um desses termos representa características próprias que deveriam ser levadas em conta quando de sua utilização.

E é importante ressaltar que, por se tratar de termos de livre uso pelo mercado, pela mídia e pelo público em geral, muitas vezes podem ser encontrados nomes distintos descrevendo roteiros similares e nomes similares descrevendo roteiros distintos.

Como já destacamos, estamos falando de uma vasta área de estudos, pois é possível considerar roteiro turístico praticamente qualquer itinerário organizado e com finalidade turística. Os percursos podem ser elaborados em um único atrativo (por exemplo, a organização de uma visita a um museu, um parque, uma reserva, uma indústria), para definir a rota de viagem de um navio, para a visitação de uma cidade ou região ou mesmo para a visitação de cidades de diversos países.

Parece lógico imaginar que, para o processo de roteirização, quanto maior a abrangência territorial, mais complexo é o processo de elaboração do roteiro, entretanto nem sempre é assim. Essa lógica não é linear, pois praticamente os mesmos componentes devem ser analisados na montagem de qualquer tipo de roteiro. Muitas vezes, a complexidade e as maiores dificuldades residem na demanda, em suas características e necessidades; outras vezes, nas especificidades do espaço em que é realizado o roteiro ou mesmo em qualquer outro detalhe externo existente, como as alterações do clima ou da maré.

É importante ressaltar que, dos tipos de roteiros mencionados a seguir, todos podem ser realizados com abrangência regional, nacional ou internacional, não existindo uma nomenclatura específica para cada um dos casos. As únicas exceções são os city tours (roteiros realizado em uma cidade) e tours únicos ou passeios realizados em um único atrativo.

Parece confuso, não? Bem, às vezes é mesmo. Mas não desanime, tentaremos desatar esse nó aos poucos. Vamos começar definindo as características das principais nomenclaturas utilizadas.

Roteiro turístico, por si só, muitas vezes pode ser chamado somente de tour. Normalmente, as visitas e os passeios realizados em um único atrativo turístico (como um museu, um parque, uma reserva, uma indústria ou, ainda, um bairro) são assim denominados – tour, visita ou passeio.

A partir disso, a denominação dos roteiros passa a sofrer influências em razão de alguns elementos que os compõem. Por exemplo:

- abrangência ou local de realização (city tour ou passeio pela cidade);
- transporte ou meio de locomoção (bike tour ou passeio de bicicleta; walking tour ou passeio a pé);
- componentes e formatos (excursões, circuitos, estradas, rotas).

Alguns dos nomes praticados no mercado serão mais detalhados neste livro, pois costumam designar produtos que nem sempre podem ser considerados roteiros turísticos, como é o caso de alguns tipos de circuitos e excursões.

OS NOMES COMUMENTE UTILIZADOS PARA DESIGNAR ROTEIROS TURÍSTICOS: CITY TOUR, CAMINHO, CARAVANA, CIRCUITO, ESCORTED TOUR, ESTRADA, EXCURSÃO, EXPEDIÇÃO, ITINERÁRIO, PACOTE, PASSEIO, WALKING TOUR, PERCURSO, ROTA, TOUR, TRILHA, VISITA, BIKE TOUR.

EXCURSÕES, CIRCUITOS, ESCORTED TOURS E PACOTES

As excursões e os circuitos são tipos de roteiro que possuem uma estrutura bem característica. (A denominação em inglês para esse tipo de produto é escorted tour.) Ambos são produtos turísticos de ampla abrangência, que geralmente passam por várias cidades e visitam muitos locais e atrativos durante sua realização. Trata-se de viagens pré-programadas, realizadas em grupo, que possuem diversos serviços inclusos e têm o acompanhamento de guia de turismo. Estamos falando aqui de programações organizadas para, de maneira geral, permitir que o turista tenha o maior aproveitamento dos locais visitados no menor espaço de tempo possível.

As excursões e os circuitos possuem uma programação predefinida bastante rígida, e normalmente seus elementos estruturais não são passíveis de mudanças pelos turistas. Os elementos que compõem as excursões e os circuitos são acompanhamento, transporte, hospedagem, alimentação e entretenimento. Em sua programação, é comum a realização de roteiros menores, como city tours na maioria das cidades visitadas, geralmente com o acompanhamento de um guia local. Às vezes, é permitido o acréscimo de passeios opcionais que são pagos à parte somente pelos interessados, enquanto aos demais se reserva algum tempo livre.

USO DO TERMO EXCURSÃO NO BRASIL

Só para deixar a questão um pouquinho mais complexa, no Brasil e em Portugal também se utiliza o termo excursão quando se organiza uma viagem em grupo, sem pernoite, para um único atrativo ou local, reduzindo os custos de visitação. Ou seja, excursão também é o nome que se dá quando se organizam viagens de ida e volta no mesmo dia (o famoso bate e volta). Exemplos são excursões oferecidas ao público do interior para ir a shows nas capitais; ao público da cidade de São Paulo para passar o dia no litoral ou em Aparecida do Norte ou outra cidade do interior; ao público escolar para participar de roteiros pedagógicos, com idas a parques temáticos, museus, shows etc.

Os custos dessas excursões, em geral, são compostos somente pelo da locação de um veículo (ônibus ou van), rateado pelo número de pessoas, acrescido do custo com a compra de ingressos (quando for o caso). Na maioria das vezes, essas excursões são realizadas em alta temporada e contam somente com o acompanhamento do "responsável pela viagem", que pode ser o organizador da excursão, o professor da turma, o padre ou pastor da igreja ou mesmo quem vendeu os ingressos do atrativo, transformado na figura de motorista e "guia de turismo". No meio acadêmico, esse

PELA LEI, O ACOMPANHANTE DAS VIAGENS DE TURISMO DEVE SER UM GUIA DE TURISMO QUALIFICADO E CREDENCIADO NO MINISTÉRIO DO TURISMO PARA EXERCER TAL FUNÇÃO (TAVARES; CHIMENTI, 2007).

tipo de turismo é chamado de excursionismo, porém não se utiliza esse termo comercialmente.

SIGNIFICADO ALTERNATIVO DO TERMO CIRCUITO

O termo circuito também possui dois sentidos bastante diversos na atividade turística. Tanto no Brasil como em outros países, as regiões turísticas e os espaços que concentram atrativos com características semelhantes, porém sem ordenamento de visitação, têm sido chamados de circuitos.

Em Minas Gerais, o Decreto-lei n. 43.321, de 8 de maio de 2003, menciona que, para fins de promoção da política de turismo no âmbito do Estado, serão reconhecidos como circuitos turísticos institucionalizados e com personalidade jurídica registrada em cartório "aqueles que sejam integrados pelo conjunto de municípios de uma mesma região, que possuam afinidades culturais, sociais e econômicas, que se unam para organizar e desenvolver a atividade turística regional de forma sustentável" (MINAS GERAIS, 2003).

Apesar de o termo circuito não aparecer no glossário do site do Ministério do Turismo e não constar das diretrizes do Programa de Regionalização do Turismo, tampouco da lei que o instituiu (BRASIL, 2013), é possível admitir que seja utilizado em questões de ordenamento do território, pois o encontramos em publicações do próprio MTur. Um exemplo está no *Manual para o desenvolvimento e a integração de atividades turísticas com foco na produção associada*, no qual existe a seguinte indicação para o proprietário da localidade rural: "Assim, de acordo com a vocação produtiva e a habilidade de cada produtor, será possível organizar e oferecer um **circuito turístico** (grifo nosso) com atividades diversificadas: café rural, hospedagem, produção de queijos e doces, entre outras" (BRASIL, 2011, p. 37).

Também como exemplo do uso do termo circuito nessa acepção, podemos citar o Circuito das Águas Paulista, composto por nove cidades com características similares e que se constitui em um dos principais destinos turísticos do Estado.

LOCALIZADO A CERCA DE 150 KM DA CAPITAL PAULISTA, COMPREENDE AS CIDADES DE ÁGUAS DE LINDÓIA, AMPARO, HOLAMBRA, JAGUARIÚNA, LINDÓIA, MONTE ALEGRE DO SUL, PEDREIRA, SERRA NEGRA E SOCORRO.

No Brasil, é fácil identificar que diversos produtos turísticos brasileiros são também denominados circuitos quando correspondem a uma associação de municípios de perfis semelhantes, como o Circuito do Triângulo Mineiro e o Circuito das Frutas, entre outros.

Internacionalmente, o termo circuito também vem sendo utilizado para denominar produtos com natureza diferente da de um roteiro: que pudessem ser iniciados e terminados em qualquer um dos locais que esteja incluído em seu percurso, segundo a Organização Mundial de Turismo (World Tourism Organization ou UNWTO). Por exemplo, o Circuito do Vinho na Alsácia, o Circuito dos Castelos na França e na Inglaterra e o Circuito Gastronômico na Holanda, entre tantos outros.

OS CIRCUITOS NÃO POSSUEM UM ORDENAMENTO DE VISITAÇÃO DOS ATRATIVOS; NÃO HÁ UMA SELEÇÃO DOS ATRATIVOS A SEREM VISITADOS NEM SERVIÇOS INCLUSOS. TRATA-SE DE UM AGRUPAMENTO DE ATRATIVOS DE ACORDO COM SUAS SIMILARIDADES, PARA QUE SEJA POSSÍVEL, NA DIVULGAÇÃO DAS LOCALIDADES, AUMENTAR SUA ATRATIVIDADE, PERMITIR A PROPAGANDA CRUZADA E INCREMENTAR O TURISMO DE TODA A REGIÃO.

Nesse tipo de viagem, não há começo, meio ou fim. É perfeitamente possível visitar um desses circuitos hospedando-se em qualquer uma das cidades que o compõem, escolhendo o tempo de permanência, e se será ou não visitada mais de uma cidade. O turista ainda pode escolher hospedar-se nos estabelecimentos X ou Y, permanecer mais ou menos dias em cada um dos estabelecimentos e escolher os atrativos que deseja visitar, bem como a ordem de visitação. Muitas vezes, o turista acaba elaborando seu próprio roteiro no circuito ofertado, que não necessariamente segue uma ordem preestabelecida, mas apenas inclui cidades ou atrativos que constam do circuito original.

Tanto os roteiros turísticos como a elaboração dos circuitos (no sentido de agrupamento de atrativos) causam, como resultado final, o aumento de visibilidade e de fluxo de visitantes. É importante ressaltar que os circuitos turísticos, quando se referem a regiões turísticas, não podem ser considerados roteiros. Em um circuito é possível realizar diversos roteiros, mas esse tipo de circuito em si não constitui um roteiro.

As autoras defendem que, apesar de amplamente utilizada, essa não seria a terminologia ideal para as regiões turísticas, pelo potencial de causar confusão nos turistas e no trade.[3] Pelo dicionário, circuitos são definidos como trajetórias percorridas entre um ponto e outro, normalmente tendo como objetivo final o ponto de partida. A palavra circuito está associada ao que é cíclico, ao que contorna, ao que acontece em movimentos periódicos. Pode ser entendido como uma rota de viagem, um itinerário preestabelecido com um destino final fixo. É necessário o ordenamento de visitas – que, no caso das regiões turísticas, não existe.

Há outros termos que, mercadologicamente bem explorados, surtem mais efeito em se tratando de regiões turísticas. Podemos citar a regionalização do turismo da Bahia, que divide o estado em treze regiões turísticas de grande apelo e características distintas, como a Chapada Diamantina e o Vale do São Francisco, e cujo litoral está identificado como Costa das Baleias, Costa do Descobrimento, Costa do Cacau, Costa do Dendê, Bahia de Todos os Santos e Costa dos Coqueiros. Cada região prioriza uma gestão descentralizada e recebe investimentos diversos para seu desenvolvimento, mas sem a utilização do termo circuito.

USO DO TERMO PACOTE

Este termo é utilizado para identificar um produto turístico que costuma privilegiar poucas localidades visitadas – geralmente, uma ou duas cidades –, conta com menos serviços inclusos na comparação com uma excursão/um circuito e frequentemente apresenta vários passeios oferecidos de forma opcional.

---

[3] O *TRADE* CONSISTE NO CONJUNTO DE EMPRESAS QUE FORMAM O PRODUTO TURISMO: MEIOS DE HOSPEDAGEM, EMPRESAS DE TRANSPORTE, ATIVIDADES COMERCIAIS LIGADAS DIRETA OU INDIRETAMENTE À ATIVIDADE TURÍSTICA.

Enquanto nas excursões e nos circuitos, em geral, os veículos rodoviários permanecem à disposição de um único grupo durante todo o tempo, nos pacotes o veículo é compartilhado com outros grupos, não permanecendo à disposição de nenhum grupo em particular. Os pacotes em geral são vendidos com serviços de transfer in/out, podendo incluir veículo para realização de city tour, com a presença de um guia de turismo local, que oferece e vende os outros passeios opcionais.

Seguindo o mesmo raciocínio usado em relação às nomenclaturas dadas aos circuitos quando são uma região turística, um pacote em si dificilmente poderia ser classificado como um roteiro, visto que um pacote é somente uma junção de elementos, realizado pelas agências e operadoras para facilitar a venda e a operacionalização dos produtos.

É cada vez mais comum encontrar o termo pacote sendo utilizado para a comercialização de produtos turísticos compostos somente de passagem aérea e hospedagem, sem nenhum outro serviço. Várias agências de viagens on-line e sites de viagens oferecem ao cliente a montagem de seu próprio pacote, escolhendo entre as opções de voo e hotéis disponíveis. Entretanto, na prática, dentro dos pacotes, podem ser realizados roteiros menores (city tours, passeios etc.) como parte das programações opcionais oferecidas aos turistas.

CAMINHOS, ESTRADAS E ROTAS

Os termos caminho, estrada ou rota também são muito utilizados quando se fala de organização de roteiros. Na maioria das vezes, esses termos, assim como acontece com os circuitos, identificam espaços que concentram atrativos com características semelhantes e não possuem ordenamento de visitação ou seleção de atrativos a serem visitados. Exemplos são os Caminhos do Sul de Minas (em Minas Gerais), a Estrada Real (que cruza os estados de São Paulo, Rio de Janeiro e Minas Gerais), a Rota do Descobrimento (no sul da Bahia), a Rota Romântica (na Alemanha), a Rota dos Vinhos (em Portugal) e a Rota 66 (nos Estados Unidos).

O que os diferencia essencialmente dos ditos circuitos é o fato de, nesses casos, os atrativos ou espaços turísticos estarem alocados de maneira relativamente linear, e não agrupados em uma área como nos circuitos.

Assim como nos ditos circuitos, a hospedagem, o ponto de início, os atrativos, a permanência etc. são livres. É possível também modificar o tipo de transporte utilizado (por exemplo, iniciar o caminho a pé e finalizá-lo de carro). Essa escolha geralmente é feita pelo turista. Ou seja, nesses caminhos, rotas e estradas, é possível elaborar roteiros estruturados, mas eles por si só não o são.

A exceção a isso se faz nos caminhos que são vinculados a peregrinações, como o Caminho do Sol (no interior paulista), o Caminho de Santiago de Compostela (em Portugal, na Espanha e na França) e o Caminho de Fátima (em Portugal), entre outros que, consolidados, já incorporaram aspectos operacionais dos roteiros em razão da necessidade de dar apoio logístico (hospedagem, alimentação etc.) aos peregrinos.

TRILHAS, RALLIES, EXPEDIÇÕES, PASSEIOS, VISITAS, TOURS

O significado de trilha é o de um caminho rudimentar, geralmente estreito e tortuoso em meio à vegetação, muito empregado nos contos infantis para caracterizar uma "caça ao tesouro". No turismo, é utilizado para se referir àqueles percursos realizados em ambientes naturais e rurais (estradas de terra, matas, montanhas ou praias).

As trilhas mantêm esse nome independentemente do tipo de locomoção usado. Pode ser realizada a pé (o mais comum), a cavalo (nesse caso, também é conhecida como cavalgada), de bicicleta, de moto, de jipe, de quadriciclo ou com qualquer outro meio que se adapte às condições do percurso. Sua elaboração deve ser pensada de maneira a evitar ao máximo os impactos ambientais, ao mesmo tempo que permita uma experiência agradável e com o mínimo de percalços e possibilidade de acidentes aos visitantes. A manutenção deve ser feita com regularidade, de modo que a vegetação não feche a trilha com o passar do tempo nem a abertura se torne excessiva a ponto de erodir o terreno.

No caso de roteiros de aventura com jipes – e, principalmente, motos do tipo cross –, pode ser encontrado o termo trilhão. No caso de competições, é também utilizada a nomenclatura rally, como é o caso do conhecido Rally Dakar (antigo Rally Paris-Dakar).

Em ambientes naturais, também é possível a realização de roteiros chamados de "expedições", que são jornadas realizadas em ambientes, terrenos ou territórios distantes, com finalidades científicas, de análise, sondagem, estudo ou exploração. Apresentam um caráter de aventura e oferecem pouca infraestrutura no que se refere a luxo e conforto, seja na alimentação, na hospedagem ou no transporte.

Já os termos passeio e visita são utilizados para descrever os roteiros que incluem as atividades de curta duração, percorridos com intenção de distração, lazer, exercício ou de conhecer determinado lugar. É também bastante utilizado na terminologia turística o termo francês/inglês tour, considerado sinônimo dos termos passeio e visita. Quando esses termos são aplicados ao turismo, geralmente significam que são roteiros de curta duração e com breve visitação a atrativos relativamente próximos entre si, ou mesmo visita a um atrativo somente.

O caráter multifacetado da atividade turística, assim como a característica de ser uma atividade predominantemente marcada pela iniciativa privada, acabam por fazer com que muitos termos sejam usados indistintamente no trade turístico. Soma-se a isso, ainda, o fato de o turismo ser uma atividade altamente globalizada e não possuir grandes regulamentações. Esse uso sem consenso entre as partes, quer pelas organizações privadas, quer pelos órgãos públicos, causa confusão entre os turistas e, muitas vezes, entre os próprios profissionais do turismo.

Um exemplo ilustra de forma simples a falta de entendimento por parte dos turistas, que obviamente não têm obrigação de conhecer os meandros do trade: se um turista certo dia comprou a participação no Circuito X, cuja característica era realizar um roteiro pela Europa, passando por várias cidades, com vários serviços inclusos e presença de um guia de turismo, e posteriormente encontra na internet um roteiro de nome Circuito Y, que identifica várias cidades paulistas para visitação, certamente imagina que ambos são roteiros turísticos similares e pode passar horas procurando a comercialização que, no segundo caso, é possível que nem exista.

A utilização incorreta dos termos pode levar também à descrença no ramo, passando uma imagem de amadorismo e evidenciando o despreparo dos profissionais do setor. Defendemos que haja uma padronização na utilização dos termos, para que os roteiros turísticos possam ser facilmente identificáveis de acordo com sua nomenclatura e seus componentes idênticos, tanto por integrantes do trade como por estudiosos ou por turistas.

OS AGENTES REALIZADORES

Os roteiros de viagem podem diferir muito entre si, tanto em formato como em estrutura. Um dos principais pontos que interferem nessa diferenciação é justamente quem o está organizando; assim, um dos primeiros aspectos a identificar antes da elaboração do roteiro propriamente dito é quem são os agentes responsáveis pela realização ou organização do produto.

O quadro 1.1 apresenta esses agentes em ordem alfabética, visto que não é possível atribuir uma ordem de importância para os diversos elementos na atividade turística. A importância efetiva de cada um deles varia enormemente de acordo com cada um dos roteiros e com cada uma das localidades em que atuam.

QUADRO 1.1
Agentes realizadores/elaboradores de roteiros.

Realizadores	Atuação e características
Agências de viagens emissivas	Em geral, possuem maior conhecimento sobre a demanda do que sobre os destinos. As viagens são vendidas diretamente aos turistas (individuais ou grupos), que normalmente já são seus clientes ou fazem parte do círculo de indicações.
Agências de viagens receptivas	Elaboram seus roteiros e produtos para comercialização diretamente no destino visitado. Têm menor conhecimento prévio do perfil do turista com quem irão trabalhar, mas um profundo conhecimento da localidade. A imensa maioria das programações oferecidas conta com o acompanhamento de guia de turismo local.
Atrativos	A elaboração dos roteiros é realizada quando os atrativos desejam promover itinerários de visitações dentro de seus estabelecimentos (por exemplo, um museu, um parque, uma igreja, uma indústria, um edifício histórico, entre outros). Como os próprios atrativos têm domínio sobre o espaço, podem promover as alterações e melhorias necessárias para o desenvolvimento do itinerário nessas possibilidades.
Empresas	Os roteiros corporativos geralmente possuem um dos seguintes objetivos básicos: • trabalhar algum aspecto necessário ao desenvolvimento organizacional (trabalho em equipe, motivação e integração dos funcionários); • comemoração de datas especiais; • viagens de incentivo e premiação pelo bom trabalho executado; • realização de visitas técnicas e vistorias empresariais.
Escolas	Os roteiros elaborados por escolas para serem realizados por seus estudantes são classificados no turismo como pedagógicos. Geralmente são montados pelos próprios professores envolvidos no conteúdo a ser abordado no roteiro ou pelos coordenadores pedagógicos.

(cont.)

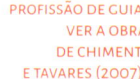

PARA INFORMAÇÕES COMPLETAS SOBRE A PROFISSÃO DE GUIA, VER A OBRA DE CHIMENTI E TAVARES (2007).

ATENÇÃO PARA A UTILIZAÇÃO CORRETA DO TERMO NO BRASIL. GUIA TURÍSTICO É A PUBLICAÇÃO IMPRESSA. GUIA DE TURISMO É A PESSOA, O PROFISSIONAL OU A PROFISSÃO (CHIMENTI; TAVARES, 2007).

Realizadores	Atuação e características
Guias de turismo	Embora não seja essa a principal função desses profissionais, podemos encontrá-los elaborando roteiros. A profissão, que tem caráter autônomo, [4] permite que o guia seja contratado de forma individual, para acompanhar grupos ou particulares. É muito comum o guia que trabalha em localidades receptivas ser contratado para realização de city tours, cabendo-lhe elaborar, quase intuitivamente, o melhor roteiro possível, com base nas características, nas necessidades e no tempo disponível dos clientes.
Guias impressos	Geralmente são feitos por profissionais de turismo dos órgãos de fomento. Os guias turísticos [5] possuem caráter semipermanente e necessitam de minuciosa pesquisa antes de sua publicação. Por serem muitas vezes financiados pelos órgãos de fomento, têm como responsabilidade a divulgação de todos os atrativos e participantes do trade de maneira igualitária.
Guias virtuais	Elaboram roteiros de maneira intermediária entre a dos impressos e a das revistas. Em geral são elaborados por jornalistas e profissionais das artes gráficas com experiência em viagens, mas também podem ter profissionais de turismo em seu quadro de funcionários. Costumam seguir as tendências do mercado e oferecer várias opções para as próximas férias e para feriados. Possuem muitas informações sobre o destino e sugestões de passeios.
Operadores emissivos	Elaboram roteiros para comercialização posterior, que é realizada via agências de viagens emissivas, e oferecem diversos tipos de produtos, como pacotes de viagem, excursões, circuitos, expedições, cruzeiros etc. Os operadores trabalham como intermediários e aglutinadores dos fornecedores e produtos entre as agências emissivas e toda a estrutura receptiva (agências receptivas, alojamentos, alimentação, entretenimento etc.).

(cont.)

Realizadores	Atuação e características
Órgãos públicos estaduais e federais	Esses órgãos têm como função desenvolver o fluxo turístico, os atrativos e os roteiros já existentes, fomentando e financiando a atividade para o desenvolvimento socioeconômico da região. Podem também elaborar alguns roteiros novos, porém não promovem alterações no espaço da localidade, visto que isto é responsabilidade exclusiva dos poderes locais/municipais.
Órgãos públicos municipais	Têm como função organizar, promover e distribuir o fluxo turístico pelo município. Entre todos os organizadores de roteiros, os órgãos municipais se destacam por poderem interferir no espaço, promovendo as melhorias e adaptações necessárias ao bom desenvolvimento dos roteiros e seus fluxos (principalmente sobre acessibilidade, sinalização e segurança). A maioria dos outros organizadores apenas se adapta às condições encontradas.
Táxis/aplicativos	São elementos muito importantes na estrutura turística de uma localidade e fundamentais na execução de roteiros. Os itinerários são elaborados diretamente por solicitação do turista no destino visitado. A importância dos taxistas é tão grande que muitos destinos investem em treinamento da frota para o atendimento turístico, incluindo aprendizagem de idiomas.
Revistas	Com as revistas especializadas, a pesquisa para a elaboração dos roteiros deveria ocorrer de forma parecida à dos guias impressos, entretanto, em razão do imediatismo da publicação, a pesquisa não é tão rigorosa quanto necessário. Além disso, algumas vezes a elaboração dos roteiros e das matérias é direcionada pelos interesses dos patrocinadores, pelas tendências de mercado, pelo modismo e pelas características da próxima estação, visando geralmente ao feriado seguinte e às férias.
Turistas/aplicativos	A elaboração dos roteiros diretamente pelos turistas varia enormemente de acordo com as necessidades de cada um. Essa modalidade ganha cada vez mais adeptos em razão da facilidade de encontrar informações e efetuar reservas por meio virtual. Muitos turistas, principalmente os mais jovens, estão se transformando em senhores de seus roteiros, munidos de seus smartphones dotados de GPS e outros serviços.

FREQUÊNCIA DE OFERTA

Os roteiros podem ser ofertados de maneira contínua, intermitente ou esporádica. A escolha da forma como é realizada a oferta depende da equação entre o fluxo de turistas existente na localidade, a disponibilidade dos atrativos em recebê-los e a capacidade da empresa em atendê-los.

Quadro 1.2
Frequência de oferta dos roteiros.

Periodicidade	Características
Contínua	Os serviços são ofertados continuamente durante o ano, sem grandes intervalos.
Intermitente	A oferta dos serviços é realizada em grande parte do ano, porém com uma interrupção por um período relativamente grande (por exemplo, paralisação durante o inverno, somente aos finais de semana etc.).
Esporádica/ pontual	A oferta se dá somente caso determinada condição esteja satisfeita (feriados prolongados, Natal, Réveillon, Páscoa, período de aurora boreal, visualização de baleias, passagem de cometas, lua cheia, maré baixa/alta, uma exposição etc.).

Quanto à periodicidade intermitente, no caso do Brasil, a maior parte dos roteiros não sofre grandes interrupções em razão do clima, diferentemente de roteiros que não operam no inverno ou no verão em países de clima temperado, onde se registram temperaturas extremas nessas estações. No Brasil, as interrupções estão mais ligadas às manutenções dos atrativos do que ao clima, embora esses fatores possam coincidir – por exemplo, as manutenções de parques aquáticos em geral ocorrem no inverno, aproveitando o clima frio e a menor circulação de turistas.

CLASSIFICAÇÃO E ELEMENTOS COMPONENTES DOS ROTEIROS

CAPÍTULO 2

VISITAÇÃO A CAMPO DE CHÁ EM MUNNAR (ÍNDIA).

Uma vez compreendido o que caracteriza um roteiro, faz-se necessário explorar seus componentes a fim de se decidir como será a estrutura daquele que precisa ser elaborado.

A classificação de roteiros, embora possa parecer uma questão mais acadêmica, vai além dessa concepção. A compreensão sobre cada um dos quesitos e as implicações sobre suas escolhas dotam o roteirista de um rico conteúdo para estruturar os roteiros de forma consistente, permitindo a obtenção dos resultados esperados no lançamento, na oferta ou na reestruturação do produto.

Quadro 2.1
Formas de classificação dos roteiros turísticos.

Critério	Possibilidades de roteiros
Forma de organização	Roteiro livre
	Roteiro previamente estruturado (comercializável ou não)
Abrangência territorial	Local/interna
	Municipal
	Estadual
	Regional
	Nacional
	Internacional/transnacional
Composição do grupo de participação	Privativo e/ou grupos exclusivos
	Grupos de turistas de diversos lugares
Estrutura	Panorâmico
	Regular com paradas
	Hop on hop off
	Forfait (feito sob medida)

(cont.)

Critério	Possibilidades de roteiros
Forma de locomoção (transporte)	Aéreo. Rodoviário. Ferroviário e metroviário. Marítimo. Fluvial e lacustre. A pé (walking tour). Tração animal.
Duração	De poucas horas a meio dia. De um dia. De dois ou mais dias.
Ambientação predominante	Urbana. Rural. Natural.
Demanda prioritária	Público-alvo e suas características, homogêneas ou heterogêneas.
Grau de dificuldade ou intensidade	Leve a moderada. Difícil a muito difícil.

FORMA DE ORGANIZAÇÃO

A primeira e, possivelmente, uma das mais relevantes características de um roteiro é a classificação quanto à sua forma de organização, ou seja, a maneira como é estruturada a seleção das localidades e dos atrativos. Em essência, essas escolhas podem ser livres ou previamente definidas, e a forma como são feitas influencia direta e profundamente a dinâmica da viagem.

ROTEIROS LIVRES

Por roteiros livres podemos entender aqueles que, sem grandes pretensões em relação à organização de suas visitas, são realizados conforme a viagem do turista acontece. Ou, citando a sabedoria popular, "o caminho se faz caminhando".

Em geral, os roteiros livres são indicados por meios de comunicação vinculados à atividade turística (por exemplo, sites, órgãos oficiais de turismo, convention & visitors bureaux dos destinos). Atualmente, existem diversos aplicativos para que a elaboração dos roteiros seja feita diretamente pelos turistas por meio de dispositivos móveis. Em todos esses casos, a responsabilidade pela escolha dos atrativos ou pontos de interesse (POI) e pela realização concreta dos percursos fica exclusivamente a cargo dos próprios turistas, que podem optar por visitar ou não os atrativos e locais mencionados inicialmente no roteiro, mudar o trajeto no meio do caminho e fazer as visitações em seu tempo, por sua conta e risco.

É interessante notar que os roteiros apresentados dessa maneira são, na realidade, meras sugestões de locais a serem visitados, mencionando-os geralmente em uma sequência de visitação cujo critério de escolha respeita, na imensa maioria das vezes, apenas a proximidade física entre eles, o local de início proposto pelo visitante e uma lógica do percurso mais curto, com menor esforço ou mais rápido.

Essa oferta e as facilidades para encontrar propostas de roteiros dos mais diversos tipos fazem com que muitas pessoas não considerem a organização deles algo muito "profissional". Tudo parece muito fácil e imediato de ser realizado, como se qualquer um pudesse fazê-lo. Ledo engano! Afinal, esses roteiros livres não possuem horário definido para início nem tempo de permanência nos atrativos; não definem locais de parada nem possuem quaisquer restrições em relação à não visitação de alguns dos locais. São meras sugestões de percursos e passeios. Não há previsão de reservas de ingressos, alimentação, descanso ou hospedagem; não há atualização dos roteiros caso uma das atrações escolhidas esteja temporariamente suspensa, fechada para reforma ou por ser um dia de folga ou manutenção, por exemplo.

É importante destacar também que esse tipo de roteiro livre não leva em conta muitas das características do público-alvo e suas necessidades específicas (como alimentação, descanso, orientação) nem o envolvimento da localidade visitada; apenas privilegia a visitação de determinados atrativos que estão em uma sequência espacial ou próximos uns aos outros.

Sugerir a visitação a atrativos só porque estão próximos ou no caminho, certamente, não é a melhor opção para o desenvolvimento do turismo nas localidades. Cada atrativo possui um tempo de visitação mínimo (o ideal para seu melhor aproveitamento) e faz parte de um contexto, seja histórico ou temático; possui um horário, não só de abertura e fechamento, mas, às vezes, de alguma atração interna (por exemplo, a hora da alimentação de animais).

Nos roteiros livres é também comum que muitos atrativos importantes e visitações que seriam do interesse do turista deixem de ser feitos por falta de planejamento prévio, o que pode acontecer, entre outros motivos, por:

- não tomar conhecimento de determinado atrativo;
- só tomar conhecimento sobre determinado atrativo/localidade que seria de interesse dessa demanda quando já não há mais tempo para a visita;
- perder-se no percurso e não encontrar os atrativos propostos;
- chegar aos atrativos em horários ou dias nos quais estejam fechados ou em horário próximo ao do fechamento;
- perder horas em fila de entrada para determinada exposição ou apresentação;
- não conseguir entrar por falta de ingressos para determinada programação (pois havia necessidade de compra antecipada).

Além disso, alguns estudos descrevem que o excesso de opções no turismo acaba por dificultar a escolha e confundir os turistas sobre quais locais devem ser visitados, fazendo com que sejam realizadas somente visitas aos atrativos mais conhecidos, que estão mais próximos, ou aos que já haviam sido até mesmo visitados anteriormente. É fácil entender esse conceito quando se pretende visitar o Louvre (em Paris) em poucas horas, quando a grande maioria das pessoas acelera para "passar" pela Mona Lisa, pela Vênus de Milo e por mais uma dúzia de obras notórias.

Todavia, nem tudo é negativo em relação à realização dos roteiros livres. É possível afirmar que neles há maior espontaneidade por parte do viajante, o que permite que tenha mais calma para apreciar os atrativos que encontrar em seu percurso, realizando as visitas em seu próprio ritmo.

É comum (mas não obrigatório) as pessoas terem, ao realizar esse tipo de roteiro, apenas um destino final e um tempo específico a ser gasto para toda a viagem. Dessa forma, organizam seu tempo permanecendo um tempo maior em atrativos pelos quais se interessem mais, um tempo menor naqueles que lhes interessem menos, e interrompendo o percurso no local onde estiverem se o tempo tiver se esgotado e for necessário retornar à hospedagem.

> OS ROTEIROS LIVRES SÃO, EM GERAL, MENOS VISUAIS E MAIS PARTICIPATIVOS. A PRINCÍPIO, NÃO VISAM TANTO À QUANTIDADE DE LUGARES VISITADOS, MAS PRINCIPALMENTE À EXPERIÊNCIA E À QUALIDADE DAS VISITAÇÕES, TRANSFORMANDO O VISITANTE EM PROTAGONISTA DE SUA VIAGEM, E NÃO EM UM ESPECTADOR.

A participação em roteiros livres requer um turista com iniciativa, agilidade, capacidade de lidar com imprevistos e disponibilidade para pesquisar, buscar e conhecer previamente o local a ser visitado. Requer um destino receptivo bem organizado e estruturado, que permita ao turista a livre circulação com mobilidade, segurança e informação. Importante ressaltar que, quanto maiores forem as diferenças de idioma e cultura entre o turista e a localidade receptiva, mais difícil se tornará a realização de roteiros livres.

Em locais receptivos que possuam problemas de segurança, áreas de conflito e que ainda sofram com preconceitos em relação a mulheres desacompanhadas e ao público LGBTQ+, a realização desse tipo de roteiro se torna ainda mais complexa, podendo ser até perigosa. Assim, é fundamental estudar a cultura a ser visitada e conseguir se comunicar no idioma (ou em um dos idiomas) do local, ou decidir pela contratação de agência ou guia local.

LÉSBICAS, GAYS, BISSEXUAIS, TRAVESTIS, TRANSEXUAIS, TRANSGÊNEROS, QUEERS E OUTRAS IDENTIDADES DE GÊNERO. O SINAL + DENOTA OS OUTROS ESPECTROS DE GÊNERO E SEXUALIDADE SEM A NECESSIDADE DA ADIÇÃO DE MAIS LETRAS À SIGLA.

ROTEIROS PREVIAMENTE ESTRUTURADOS

Consideram-se previamente estruturados aqueles roteiros que preveem, no mínimo, dia e horário de saída, bem como alguns locais a serem visitados. Assim, podemos afirmar que, de maneira geral, a grande maioria dos roteiros turísticos é previamente estruturada. A atividade turística comercial necessita de itinerários estruturados para organizar (mesmo que minimamente) seu fluxo. Embora talvez o ideal fosse permitir que todos os turistas viajassem em seu próprio ritmo, na prática esse tipo de viagem não se sustenta em larga escala, de modo que a organização se torna necessária do ponto de vista da logística (reservas de hotéis, passagens aéreas, alimentação, segurança, contratação de pessoal etc.).

> OS ROTEIROS PREVIAMENTE ESTRUTURADOS, QUE COMPÕEM A GRANDE MAIORIA NO MERCADO, PERMITEM QUE A ATIVIDADE TURÍSTICA TENHA CERTA REGULARIDADE E CONSTÂNCIA.

Os roteiros previamente estruturados podem se subdividir em comercializáveis e não comercializáveis.

ROTEIROS COMERCIALIZÁVEIS

A organização de roteiros comercializáveis é muito diferente e mais complexa que a daqueles que não serão comercializados. Os roteiros comercializados precisam ser muito mais detalhados, pois, ao transformar roteiros em produtos para o mercado consumidor, os órgãos ou empresas envolvidos tornam-se responsáveis pela entrega do produto que vendem; isso os torna responsáveis no caso da não realização do que foi proposto e ofertado, podendo a empresa ser até mesmo processada judicialmente por propaganda enganosa caso o roteiro não contemple o que foi contratado.

Assim, os roteiros passíveis de comercialização precisam ter algumas características bem definidas, como horários de visitação, saídas e retornos; locais a visitar ou visualizar; tempo de visitação e trajeto; tipo de acompanhamento; percursos; ingressos; reservas; serviços inclusos e opcionais. Enfim, todos os detalhes possíveis para a realização do que é ofertado devem ser planejados.

Os locais incluídos e mencionados no percurso para visitação em esquema de parceria precisam ser constantemente contatados para que se conheça antecipadamente qualquer mudança em horários ou períodos de funcionamento, possibilitando que o roteiro seja reorganizado.

ROTEIROS NÃO COMERCIALIZÁVEIS

Apesar de não serem muito comuns, existem ainda alguns roteiros que não são passíveis de comercialização, embora possam ser previamente estruturados. Nesses casos, os roteiros possuem sempre maior flexibilidade em relação à sua estrutura e às visitações. Por não serem comercializados, esses roteiros correm por responsabilidade dos próprios turistas, que, caso queiram, podem transformá-los, a qualquer momento, em roteiros "livres". Quanto maior a estruturação, mais organizados são esses roteiros, sendo menor o risco de contratempos. Nesses casos, porém, as programações também estão mais engessadas e há pouco espaço para adaptações de última hora. Quanto menor a estruturação prévia, maior o espaço para as adaptações, porém também há maior espaço para contratempos.

ABRANGÊNCIA TERRITORIAL

Por abrangência territorial de um roteiro entendemos o espaço em que estão situados os atrativos e os outros serviços de apoio (transporte, acomodação, alimentação, descanso). A denominação da abrangência territorial se altera de acordo com a forma como a localidade se organiza (por exemplo, freguesias, municípios, cidades, polos, regiões, estados, comunas, entre outras).

Quadro 2.2
Exemplos comuns de abrangência territorial dos roteiros.

Roteiro	Características
Interno/local	Tem início e fim em um único atrativo/empreendimento (por exemplo, visitas realizadas em um museu, em uma reserva natural ou em uma indústria).
	Comumente chamado de tour, passeio ou, simplesmente, visita.
Municipal	O percurso está circunscrito ao perímetro de um município, independentemente de ser área rural ou urbana.
	Em casos de roteiros que possuam características específicas de reconhecimento da cidade e estejam restritos à área urbana, o roteiro que se realiza é o chamado city tour.
Estadual	Percorre duas ou mais cidades em um único estado.
Regional	Percorre uma região específica do país.
Nacional	Percorre dois ou mais estados em um único país.
Internacional/transnacional	Percorre dois ou mais países.

É fundamental a visualização espacial de toda a abrangência do roteiro a elaborar, assim como de alguma área pormenorizada, conforme a complexidade do produto. Por exemplo, caso o roteiro em questão seja internacional[2] ou transnacional,[3] além da abrangência territorial dos países envolvidos é preciso visualizar cada localidade em separado, para uma elaboração completa e detalhada. Por esse e outros motivos tais roteiros são tão complexos e levam tanto tempo desde a elaboração e a coleta de dados até o lançamento.

COMPOSIÇÃO DO GRUPO DE PARTICIPAÇÃO

A composição do grupo de pessoas que participa dos roteiros interfere diretamente em sua elaboração e pode diferir principalmente em relação à quantidade de participantes e ao relacionamento prévio existente entre eles.

ROTEIROS PRIVATIVOS E/OU DE GRUPOS EXCLUSIVOS

Por roteiros privativos entendem-se aqueles realizados em veículos exclusivos para um passageiro, um casal, uma família, um grupo de amigos ou mesmo de pessoas não próximas emocionalmente, desde que a solicitação para elaboração do roteiro tenha sido feita para o grupo como um todo. O meio de transporte pode variar dependendo do número de passageiros, e é possível utilizar aviões, vans ou mesmo bicicletas, animais e veículos aquáticos, entre outros. O percurso, entretanto, será feito exclusivamente com as pessoas já determinadas.

De maneira geral, esses são roteiros mais personalizados que os regulares. Na maioria das vezes, permitem alterações e adaptações como mudanças nos horários, nos locais de saídas, no tempo de paradas e nos locais de visitação para atender às necessidades dos viajantes (que normalmente são similares), tanto durante a elaboração do roteiro como durante sua execução.

---

[2] O TERMO INTERNACIONAL ESTÁ MAIS VINCULADO AO USO COMERCIAL E AO QUE SE REFERE À ORIGEM DA DEMANDA. POR EXEMPLO, ROTEIROS ORGANIZADOS POR OPERADORAS BRASILEIRAS, COM PÚBLICO BRASILEIRO E QUE SEJAM REALIZADOS EM TERRITÓRIOS EUROPEUS SÃO ROTEIROS INTERNACIONAIS.

[3] O TERMO TRANSNACIONAL É MAIS ASSOCIADO AO USO DOS ÓRGÃOS DE FOMENTO DA ATIVIDADE TURÍSTICA OU DE ADMINISTRAÇÃO DOS ROTEIROS E SE DEVE À ANÁLISE DE ROTEIROS CUJOS PERCURSOS ULTRAPASSEM AS FRONTEIRAS DOS PAÍSES, INDEPENDENTEMENTE DE SEREM AGENCIADOS OU NÃO, INDEPENDENTEMENTE DE QUEM SEJAM SEUS FREQUENTADORES. COMO EXEMPLO, PODEMOS CITAR O CAMINHO DE SANTIAGO DE COMPOSTELA (PORTUGAL, ESPANHA E FRANÇA), A ROTA DA SEDA (CHINA, QUIRGUISTÃO E CAZAQUISTÃO) E A ROTA VIKING (ESTÔNIA, DINAMARCA, ALEMANHA, FINLÂNDIA, FRANÇA), ENTRE OUTROS.

A realização de viagens privativas ou com grupos exclusivos permite a adaptação das atrações aos interesses individualizados, um atendimento mais personalizado e, consequentemente, maior conforto. Em geral, esse tipo de programação tem custo mais elevado.

ROTEIROS DE GRUPOS DE TURISTAS DE DIVERSOS LUGARES

Por roteiros com grupos compostos entendem-se aqueles organizados para turistas provenientes de lugares e grupos diferentes. Nesses casos, os turistas não se conhecem, geralmente estão alojados em meios de hospedagem distintos, mas realizam os roteiros de forma conjunta, nos mesmos veículos. Nessas programações normalmente são utilizados veículos grandes (vans ou ônibus), para reduzir os custos e otimizar os recursos humanos dos fornecedores.

A programação é predefinida, e há maior exigência em seu cumprimento em relação às realizadas com os turistas privativos. Nesse caso, visto que os participantes não se conhecem, qualquer mudança na programação original pode não agradar a todos, daí a necessidade de ser mantido tudo o que foi previsto.

ESTRUTURA

A estrutura dos roteiros consiste na forma e na dinâmica como estão organizadas as visitas aos atrativos que os compõem. Os roteiros têm estruturas organizacionais diferentes, que variam conforme seus objetivos, as características das localidades visitadas ou as necessidades operacionais.

Considerando a estrutura, podemos organizar os roteiros em panorâmicos; regular com paradas; hop on hop off; forfait.

Quadro 2.3
Características dos roteiros conforme a estrutura.

Roteiro	Característica
Panorâmico/ sightseeing	Os atrativos são visualizados, ou seja, vistos somente pelo exterior (fachada).
	Não prevê paradas para visitação aos atrativos, e os turistas não desembarcam de seus veículos.
	Os participantes são os mesmos do início ao fim do tour.
	Normalmente não há paradas para alimentação, descanso, sanitários e intervalo.
	Em geral, os percursos têm duração de poucas horas, independentemente do tamanho da área visitada.
	Não permite flexibilidade de percurso, exceto quando há impossibilidade de continuação da rota prevista em razão de fatores externos, como interdições viárias.
Regular com paradas	É o mais tradicional no mercado turístico para os produtos do tipo excursão e circuito.
	É previamente estruturado, prevendo paradas e visitação em alguns atrativos.
	Costuma incluir paradas para alimentação, descanso, sanitários e intervalo.
	Tem duração variada (desde poucas horas a diversos dias).
	Os participantes geralmente são os mesmos do início ao fim do tour.
	Geralmente há pouca flexibilidade na mudança de itinerário e atrativos, exceto na impossibilidade de continuação da rota prevista.
Hop on hop off	É ofertado de maneira regular, em ônibus, em localidades que possuam fluxo turístico intenso.
	Os veículos possuem horários de saída definidos e passam por diversos pontos de embarque preestabelecidos, com frequência relativamente regular.
	É muito comum na oferta de city tours, mas tem se consolidado também em circuitos turísticos para jovens na Europa.
	Os turistas podem embarcar e desembarcar do veículo quantas vezes quiserem, tendo a liberdade para visitar quantos e quais atrativos desejarem ou conseguirem durante a validade de seu voucher.
	No caso de city tours, a validade em geral é de 24, 48 ou 72 horas.

(cont.)

Roteiro	Característica
Forfait	É elaborado sob medida, de acordo com os interesses e a solicitação dos turistas.
	Embora tenha duração variada, de maneira geral inclui paradas para alimentação, visitação, descanso e sanitários.
	Em geral, é original e altamente personalizado (e mais oneroso).
	Os participantes são os mesmos do início ao fim do tour.
	Normalmente, não há necessidade de mudanças na programação, por esta já ter sido concebida de forma personalizada, mesmo assim são possíveis mudanças conforme a solicitação do cliente.

FORMA DE LOCOMOÇÃO

Os roteiros podem ser classificados também quanto à sua forma de locomoção principal, e os meios de locomoção secundários utilizados em partes menores do roteiro não são considerados para esta classificação.[4] Obviamente, a imensa maioria dos roteiros turísticos é realizada com meios de locomoção terrestres ao menos em parte de seu trajeto.

[4] A EXCEÇÃO SE FAZ QUANDO UMA PARTE MUITO IMPORTANTE DO ROTEIRO É EFETUADA EM DOIS MODAIS. NESSE CASO PODE HAVER UMA DUPLA CLASSIFICAÇÃO (ROTEIROS RODOFERROVIÁRIOS E ROTEIROS RODOAÉREOS, POR EXEMPLO).

TRANSPORTE AÉREO

A função do transporte aéreo nos roteiros muda muito de acordo com o tipo de veículo escolhido. Podemos dividir o transporte aéreo em duas frentes funcionais: a de transporte propriamente dita e a recreacional. Para o estudo de elaboração dos roteiros turísticos, o transporte aéreo engloba o transporte de pessoas realizado por avião, helicóptero, balão, asa-delta, dirigíveis e ultraleves.

A função de transporte é realizada essencialmente pelos aviões de linha. Em geral, são aeronaves de médio e de grande porte. Normalmente, é indicada para grandes distâncias e utilizada para as pontas dos roteiros, ou seja, para os trajetos longos, normalmente a ida e a volta ou algum percurso interno cuja distância seja bastante grande. Nesses casos, utiliza-se comumente o termo roteiro ou pacote aéreo quando se deseja mencionar que o produto inclui o transporte aéreo na ida e na volta, mesmo que o restante do percurso possua outro modal. Em alguns casos, utiliza-se também o termo rodoaéreo.

Embora o aéreo seja consideravelmente mais rápido do que os outros modais, é necessário muito critério ao incluí-lo nos roteiros. Muitas vezes o trecho é feito de forma mais ágil em ônibus ou trem. Não pela viagem em si, mas por causa dos procedimentos e do tempo de espera nos aeroportos. Portanto, nem sempre vale a pena utilizar o transporte aéreo para médias distâncias.

Outros tipos de aeronave e equipamento aéreo, como helicópteros, balões, asa-delta, dirigíveis e ultraleves, são normalmente utilizados no turismo para as funções recreacionais do transporte, ou seja, para a realização de passeios panorâmicos de observação, com distâncias relativamente curtas. Em geral esses meios de transporte "não levam a lugar algum", pois possuem saídas e retornos quase nos mesmos lugares.

> A INCLUSÃO DE TRANSPORTE AÉREO PRECISA SER BEM PENSADA. EM DECORRÊNCIA DOS RIGOROSOS PROCEDIMENTOS DE SEGURANÇA NOS AEROPORTOS, MUITAS VEZES O TEMPO DESPENDIDO ENTRE OS PROCESSOS DE EMBARQUE E DESEMBARQUE NÃO COMPENSA A DIFERENÇA DE VELOCIDADE ENTRE O AVIÃO, O TREM E ATÉ MESMO O ÔNIBUS.

TRANSPORTE RODOVIÁRIO

É aquele feito por meio de vias, pavimentadas ou não, como estradas, rodovias, ruas e outras. Podem ser utilizados todos os tipos de veículo, e não apenas os tradicionais e mais conhecidos, como carros, vans e ônibus. O mercado turístico é bastante criativo, e existem roteiros oferecidos com bicicletas, motos, jipes, motorhomes, tuk tuks,[5] segways[6] e até riquixás.[7]

O transporte rodoviário é o modal que possibilita maior flexibilidade e maior capilaridade; é o que, de maneira geral, permite chegar o mais próximo possível dos atrativos localizados em área terrestre (que compõem a imensa maioria dos atrativos turísticos existentes).

[5] TUK TUKS SÃO TRICICLOS MOTORIZADOS, UM MODELO DE RIQUIXÁ MOTORIZADO, COM CABINE PARA TRANSPORTE DE PASSAGEIROS.

[6] SEGWAYS SÃO DICICLOS; MEIOS DE TRANSPORTE DE DUAS RODAS, LADO A LADO, COM BATERIA ELÉTRICA E VELOCIDADE MÁXIMA DE 20 KM/H. FUNCIONAM A PARTIR DO EQUILÍBRIO DA PESSOA QUE OS CONDUZ. VALE LEMBRAR QUE SEGWAY É UMA MARCA PATENTEADA, E HÁ OUTROS MODELOS SEMELHANTES DE OUTRAS EMPRESAS.

> PRATICAMENTE TODOS OS ROTEIROS TURÍSTICOS OFERTADOS (COM RARÍSSIMAS EXCEÇÕES, MESMO EM ÂMBITO MUNDIAL) UTILIZAM-SE DE ALGUM TIPO DE TRANSPORTE RODOVIÁRIO EM ALGUM MOMENTO DO PERCURSO.

De maneira geral, os tours regulares e ofertados para grupos mistos, por questões de custo e logística, são realizados em veículos maiores, como vans e ônibus. Os outros tipos de veículo e os chamados alternativos são utilizados principalmente para os tours privativos e tours livres.

O transporte rodoviário é bastante indicado quando se trata de percorrer distâncias médias e curtas, entretanto seu uso se torna muito cansativo para distâncias longas, sendo aconselhável sua troca por outro modal sempre que possível em trechos de viagens que excedam oito horas ou quando a demanda é mais sensível (por exemplo, composta por crianças pequenas e idosos).

[7] RIQUIXÁS SÃO VEÍCULOS DE TRANSPORTE DE TRAÇÃO HUMANA EM QUE UMA PESSOA PUXA UMA CARROÇA DE DUAS RODAS NA QUAL SE ACOMODAM MAIS UMA OU DUAS PESSOAS.

Quando o roteiro é longo e precisa ser realizado por rodovias, uma das opções são os motorhomes. Normalmente, esse tipo de veículo é utilizado na realização de roteiros livres e não comercializados, mas há agências que os usam com sucesso em roteiros comercializados e previamente estruturados.

Assim como ocorre com o transporte aéreo, a função do rodoviário nos roteiros pode mudar de acordo com o tipo de veículo escolhido. Também podemos dividir o rodoviário em duas frentes funcionais: a de transporte propriamente dita e a recreacional. Entretanto, diferentemente do transporte aéreo, em que as funções estão bem especificadas, no caso do transporte rodoviário a maior parte dos veículos pode cumprir as duas funções, a de transporte e a recreacional.

No caso dos roteiros turísticos previamente estruturados, a função de transporte é realizada a maior parte das vezes pelos ônibus de turismo e vans. Para a realização de tours/passeios, ou seja, para o uso recreacional, podem-se empregar outros tipos de veículo e equipamentos. A escolha entre a utilização de ônibus ou van vai depender da quantidade de passageiros e da localidade; há locais onde não são permitidos veículos grandes.

FERROVIÁRIO E METROVIÁRIO

O transporte ferroviário é aquele realizado por trem/comboio (ou outro veículo similar) sobre linhas férreas. Obviamente, ele se limita ao percurso previamente determinado pelas linhas férreas e não possui a mesma flexibilidade oferecida pelo transporte rodoviário. Por essa razão é menos utilizado que o rodoviário, embora seja uma opção mais confortável, mais rápida e ambientalmente mais correta. Após estar devidamente implantada, pode até mesmo ser considerada uma opção de viagem mais econômica, entretanto sua implantação é bastante onerosa e, geralmente, lenta.

Esse tipo de transporte é usualmente utilizado para os trechos mais longos dos roteiros, podendo ser tranquilamente aproveitado nas médias e grandes distâncias, permitindo até mesmo que sejam realizados pernoites nos trens. Há casos de alguns trens famosos em que eles próprios se transformaram no atrativo em si; o objetivo da viagem passa a ser, além de apreciar a paisagem do percurso, aproveitar as facilidades, o conforto, a diversão e o luxo oferecido por este ou aquele veículo. Como exemplo, há o Expresso Oriente, famoso trem de luxo que hoje realiza roteiros pela Europa, e o Glacier Express, com vista pelos alpes suíços, entre outros.

No Brasil, a estrutura ferroviária existente no final do século XIX e no início do XX foi sucateada em detrimento do transporte rodoviário. Praticamente inexistem trechos ativos para transporte de passageiros, embora seu uso continue sendo realizado no transporte de cargas. A Associação Brasileira de Preservação Ferroviária (ABPF) tem se empenhado para restaurar alguns trechos para uso recreacional, e já existem alguns trens que merecem destaque como atrativos turísticos – podemos citar o Expresso Turístico, que parte da estação da Luz (na capital paulista) para cidades próximas como Jundiaí, Mogi das Cruzes e Paranapiacaba, o passeio Curitiba-Morretes (no Paraná) e o roteiro em maria-fumaça de Gramado (no Rio Grande do Sul).

O transporte ferroviário inclui os trens urbanos, os metrôs. A estrutura de metrô também permite sua utilização para uso turístico. Os roteiros que se utilizam desse tipo de locomoção mesclam o transporte metroviário com os percursos a pé. Esses roteiros podem ser realizados em grupos, com acompanhamento de guias, ou individualmente, com o auxílio de mapas orientativos e tickets especiais (combinados ou não com outros modais de transporte) que permitem, com tarifas mais econômicas, a reutilização do metrô diversas vezes. Esse tipo de produto só é ofertado em grandes metrópoles, obviamente, onde há o metrô.

MARÍTIMO

Como diz o nome, é o transporte que se utiliza das vias marítimas para o transporte de passageiros e mercadorias; para efeito de roteiros turísticos, os grandes navios de cruzeiro é que dominam os mares e rotas.

O transporte marítimo, apesar de ser um pouco mais lento que o rodoviário e o ferroviário, oferece a seus usuários variadas opções de gastronomia e entretenimento enquanto navegam pelo globo.

> ATUALMENTE OS NAVIOS DE CRUZEIRO SÃO GRANDES RESORTS FLUTUANTES, COM MILHARES DE PESSOAS A BORDO. ESSES GIGANTES OFERECEM A VANTAGEM DE OS PASSAGEIROS NÃO TEREM DE DESFAZER AS BAGAGENS VÁRIAS VEZES DURANTE O PERCURSO NEM DE ENTRAR E SAIR DE HOTÉIS, POIS O "HOTEL" E TODA A SUA INFRAESTRUTURA VIAJAM JUNTO.

Por razões óbvias, os roteiros que utilizam esse transporte acabam por se limitar às localidades costeiras e a travessias ultramarinas, a não ser que os roteiros lancem mão de outros modais para completar os percursos (por exemplo, o turista vai de avião até um país da América Central e lá embarca em um cruzeiro pelos mares do Caribe).

No caso do transporte marítimo recreacional, são utilizadas embarcações de menor porte, como lanchas, escunas, barcos, catamarãs, jangadas e veleiros, entre outras, adequadas para cada tipo de passeio. Nesses casos, os roteiros tendem a ser mais curtos, com duração de poucas horas, em razão da falta de estrutura para longa permanência em água. Os passeios consistem em levar os turistas até um atrativo que se localize no mar, como uma barreira de corais, uma praia com difícil acesso por terra, uma ilha ou um local de naufrágio, onde podem ser praticadas diversas atividades como visitação, pesquisa, mergulho ou até a localização de um cardume específico para a prática de pesca.

É importante lembrar que existem casos de embarcações menores (como lanchas e veleiros) que são bastante estruturadas –

algumas, até mesmo luxuosas, como os iates – e podem ser tranquilamente empregadas na realização de roteiros marítimos. Não são comuns roteiros comerciais regulares que usem esse tipo de embarcação, em razão de seu alto custo e sua especificidade, entretanto elas podem ser utilizadas para a elaboração de *forfaits* e roteiros de luxo.

FLUVIAL E LACUSTRE

O transporte fluvial e o lacustre são modalidades que ocorrem pelas hidrovias, sendo geralmente efetivados em rios, lagos, lagoas e lagunas no país. São também muito menos poluentes e mais seguros do que os transportes rodoviários e aéreos, apresentando baixos índices de agressão ao meio ambiente. Utilizam-se balsas, chatas, barcaças, chalanas, barcos, gôndolas, canoas, caiaques, jangadas e navios de médio porte. Exceto em casos excepcionais, não são empregados para longos percursos.

Assim como os outros meios de locomoção, seu uso pode ser dividido entre transporte (grandes embarcações e balsas) e recreacional (gôndolas, jangadas, canoas). É comum encontrarmos a denominação "passeio" para roteiros em meios aquáticos, mesmo que inclua visitação a vários atrativos e parada para refeição, entre outros serviços, e possa ser realizado em qualquer tipo de embarcação.

A PÉ (WALKING TOUR)

Caminhar é uma atividade ao alcance de praticamente todas as pessoas. Pelas ruas de cidades e vilas, pelos campos ou à beira-mar, os passeios podem ter pontos de partida e de destino bem definidos ou seguirem simplesmente ao sabor da vontade, pelo prazer de andar e de observar o que se encontra pelo caminho.

> OS ROTEIROS A PÉ TÊM SE TRANSFORMADO EM GRANDES ATRAÇÕES NOS PRINCIPAIS DESTINOS TURÍSTICOS MUNDIAIS. A CAMINHABILIDADE, CONCEITO QUE ENGLOBA A MOBILIDADE E A FACILIDADE DE CAMINHAR NO AMBIENTE URBANO, É ALGO CADA VEZ MAIS VALORIZADO PELOS GESTORES PÚBLICOS COMO CONTRAPONTO AOS VEÍCULOS MOTORIZADOS E ATÉ UM INDICADOR DA QUALIDADE DE VIDA NAS CIDADES.

É muito comum encontrar roteiros a pé – walking tours – que englobem os principais atrativos em grandes destinos turísticos. Em ambientes urbanos, os roteiros a pé podem ser ofertados de diversas maneiras:

- via agência de viagens (tours pré-pagos, com acompanhamento de guia de turismo);
- via revista, mapa ou folheteria (passeios livres, gratuitos, sem acompanhamento de guia de turismo);
- via associação ou aplicativo de viagem (passeio orientado, com acompanhamento de guia de turismo, e ao final do tour o turista pode ofertar algum valor pelo serviço prestado).

No caso de ambientes naturais, os roteiros podem, ainda, ser orientados com a utilização de mapas e equipamentos como GPS e bússolas ou com o turista seguindo as marcas deixadas no terreno pela passagem daqueles que o percorreram antes.

Roteiros a pé possuem enorme capilaridade e atingem a imensa maioria dos atrativos existentes. Caminhar é uma das melhores formas de descobrir cantos e ângulos que de outro modo seriam difíceis de conhecer, porém de maneira geral esses passeios não são muito indicados para percorrer longas distâncias; a exceção se dá no caso de romarias, peregrinações e outros roteiros de cunho espiritual e meditativo, cujo percurso longo, cansativo e introspectivo é um dos principais objetivos do programa. Há de se considerar também cuidado na elaboração de roteiros a pé em cidades muito montanhosas, principalmente quando não existe controle da demanda.

Quando realizados em ambientes naturais, os roteiros a pé são chamados de trilhas ou caminhadas e exigem do roteirista alguns cuidados especiais (que serão vistos mais à frente neste livro), principalmente no que se refere ao impacto ambiental causado por abrir e manter uma trilha.

Os roteiros a pé, embora muito agradáveis, possuem algumas restrições em relação ao clima e precisam de condições ideais para serem realizados; por essa razão, muitos organizadores relutam em incluir grandes distâncias a pé em seus roteiros. Esses percursos muitas vezes são cancelados na ocorrência de condições climáticas muito intensas, como sol, calor, frio, chuva, vento ou neve.

As exceções são os roteiros de aventura, em que a própria sobrevivência ao clima e ao terreno faz parte da atratividade do percurso. Nesses casos, os roteiristas, ao contrário do que foi mencionado anteriormente, podem até mesmo procurar dificultar um pouco o trajeto durante sua elaboração, para torná-lo ainda mais emocionante.

TRAÇÃO ANIMAL

Os roteiros com tração animal são bastante comuns na atividade turística, seja por seu esoterismo, seja pelo aspecto terapêutico do contato com os animais e a natureza. São passeios divertidos e relaxantes, de maneira geral realizados com acompanhamento de guias ou monitores em ambientes naturais ou rurais e utilizados muitas vezes para o denominado "turismo de experiência".

Esses roteiros têm duração relativamente curta e não são recomendados para distâncias médias e longas (algumas exceções são expedições, safáris e cavalgadas), seja pela característica do roteiro, pela dificuldade para a realização, pela falta de conforto nesse tipo de locomoção ou mesmo (e principalmente) pelo desgaste do animal.

Assim como em todas as outras atividades, podem existir problemas quando falamos de utilização de animais como meios de transporte na atividade turística. No entanto, acreditamos que a maior parte dos empreendimentos que utilizam animais em suas atividades o faz de forma legal, sem maus-tratos.

Entretanto, infelizmente, existem alguns locais em que ainda são usados métodos agressivos e até torturas para adestrá-los e treiná-los. Prática esta que as autoras definitivamente condenam, principalmente quando se trata do uso de elefantes nas atividades turísticas do sudeste asiático.

DURAÇÃO

A duração dos roteiros está ligada à equação existente entre quatro fatores preponderantes:

- quantidade de atrativos a ser visitada;
- distância existente entre os atrativos;
- tempo de deslocamento necessário (trânsito previsto considerando o tipo de transporte selecionado);
- tempo de visitação que cada atrativo requer para seu pleno aproveitamento.

Podemos também incluir nessa equação a composição do grupo de participação (quando, por exemplo, um grupo privativo com interesses bastante particulares requer maior tempo de visitação a determinado atrativo ou grupo de atrativos) e a existência de algumas características específicas da demanda prioritária (crianças, idosos ou pessoas com deficiência, por exemplo).

ROTEIROS DE POUCAS HORAS A MEIO DIA

Geralmente roteiros de poucas horas privilegiam atrativos próximos entre si e descartam os mais distantes, que exigem maior tempo de deslocamento e de visitação. Também costumam não ser incluídos aqueles que possuem algum tipo de entrave para a visita, como trânsito frequente para chegar a eles e filas extensas para a entrada, entre outros.

É comum encontrarmos nessa categoria:

- tours panorâmicos, que costumam ser rápidos por não exigirem o desembarque do veículo e privilegiarem a visualização externa dos atrativos;
- city tours históricos, pois geralmente a parte mais antiga das cidades está concentrada em uma região, muitas vezes sendo possível visitá-la a pé;
- trilhas e passeios excitantes, radicais e pontuais, como passeios de helicóptero, balão, lancha, trenó etc.

ROTEIROS DE UM DIA

O roteiro pede uma duração maior no caso de percursos em que os atrativos estejam um pouco mais distantes entre si e do local de início do tour ou, ainda, no caso em que um ou mais atrativos necessitem de um período maior de visitação.

Os organizadores devem considerar, obrigatoriamente, locais e paradas para alimentação, sanitários e descanso. Sempre que possível, devem considerar ainda locais de apoio para a compra de itens de primeira necessidade, como pilhas, carregadores de celular, boné, protetor solar, medicamentos ou mesmo suvenir.

É comum encontrarmos nessa categoria:

- city tours hop on hop off;
- tours de compras;
- tours a atrativos e cidades pequenas próximos a grandes centros.

ROTEIROS DE DOIS OU MAIS DIAS

Em roteiros longos, com dois ou mais dias de duração, precisam ser considerados hospedagem, alimentação, sanitários, descanso e transporte. Nesses casos, os roteiros são mais complexos, principalmente em razão da hospedagem. Entretanto, podemos considerar que, para efeito de organização e elaboração, o roteiro é subdividido em programações diárias, que devem ser compostas por passeios, tours ou, ainda, roteiros livres de durações diversas: de poucas horas ou de um dia.

É comum encontrarmos nessa categoria:

- excursões;
- circuitos;
- expedições;
- cavalgadas;
- safáris.

AMBIENTAÇÃO PREDOMINANTE

Por ambientação predominante entende-se o espaço em que a maior parte do roteiro se desenvolve e onde estão contidos seus atrativos.

AMBIENTAÇÃO URBANA

Os roteiros realizados em cidades, independentemente de serem grandes metrópoles, cidades de médio ou pequeno portes, cidades medievais ou pequenas vilas, são considerados roteiros urbanos.

O ambiente urbano é extremamente rico e oferece ao roteirista, além do adensamento populacional e consequente aumento da oferta de turistas, uma grande variedade e o aglutinamento de atrativos socioculturais, históricos e arquitetônicos, incluindo ainda muitas opções de entretenimentos.

O ambiente urbano possui várias estruturas que podem ser utilizadas na organização do roteiro, seja no comércio, seja em serviços gerais, como estacionamento, telefonia, iluminação, água, sanitários, segurança e alimentação, entre outros.

> A MAIOR PARTE DO FLUXO TURÍSTICO MUNDIAL SE DÁ EM AMBIENTE URBANO, PRINCIPALMENTE POR QUESTÕES ESTRUTURAIS; DESSA FORMA, A IMENSA MAIORIA DOS ROTEIROS TURÍSTICOS É REALIZADA, AO MENOS EM PARTE, EM CIDADES.

Apesar de todos esses aspectos positivos, algumas localidades também trazem consigo características complicadas e que dificultam o trabalho do roteirista, como insegurança e violência, desigualdade social, trânsito e tráfico de drogas, entre outras. Esses fatores devem ser considerados quando da montagem de um roteiro.

A atividade turística (assim como qualquer outra atividade humana) invariavelmente causa impactos nos locais onde é realizada. No caso do turismo – mais especificamente, dos roteiros turísticos desenvolvidos em ambientes urbanos –, os principais são aqueles que se referem aos aspectos relativos à capacidade de carga, tanto da localidade como dos atrativos (por exemplo, excesso de trânsito de pessoas e veículos, filas, barulho, poluição, degradação etc.). Pode também ocorrer sobrecarga nas estruturas públicas, com lentidão nos serviços e necessidade de racionamentos (água e eletricidade, por exemplo). Em alguns casos, pode haver um eventual colapso nas redes de abastecimento.

Também é possível que ocorram problemas de relacionamento (com potencial para episódios de violência) entre os turistas e os moradores, quando estes não são respeitados em sua cultura e são vistos e tratados pelos visitantes como "atrações" peculiares a serem fotografadas.

Em geral, o roteiro aplicado para o turista se familiarizar com o ambiente urbano é chamado de city tour e pode ser realizado em diversos meios de transporte, como ônibus, vans, carros, segways, bicicletas, tuk tuks, ou mesmo a pé.

Conforme o tamanho, a característica e o fluxo turístico da cidade, podemos encontrar vários tipos de roteiro para familiarização com o ambiente urbano. Em cidades com grande fluxo de turistas, é possível haver diferentes modalidades de roteiro sendo operadas concomitantemente. Utilizando a cidade de São Paulo como referência, podemos citar os exemplos a seguir.

- **City tour com agências de receptivos:** agências de turismo receptivo da cidade oferecem diversos tours, temáticos ou não, realizados mediante agendamento prévio, em veículos com capacidades distintas, conforme o tamanho do grupo, com acompanhamento de guia de turismo (roteiros regulares ou forfaits);

- **Linha circular turismo:** city tour com sistema hop on hop off, realizado em ônibus de dois andares, com itinerário para visualização de alguns importantes pontos turísticos da cidade, com audioguia em português, inglês e espanhol.

- **Tour a pé pela cidade:** city tour a pé pelo centro da cidade, com acompanhamento de guia de turismo e realizado em inglês ou espanhol (em alguns casos, gratuito; em outros, pago, com valor predefinido, ou ao final o turista pode ofertar algum valor pelo serviço).

- **Bike Tour SP:** city tour realizado em bicicletas, nos idiomas português, inglês ou espanhol, por meio de audioguia acoplado ao capacete, por alguns dos principais pontos turísticos da cidade, em rotas a escolher pelo turista. Não é pago em dinheiro, mas com doação de alimento não perecível.

É importante ressaltar que nem todo passeio realizado na ambientação urbana pode ser considerado um city tour, visto que muitos dos roteiros ali realizados não têm como objetivo propiciar a ambientação do turista com a estrutura da cidade.

AMBIENTAÇÃO RURAL

Trata-se daquela em que a presença humana existe, mas não de maneira tão intensiva quanto no ambiente urbano. Em geral, a atividade econômica está focada na produção agrícola, pecuária, extrativista ou de preservação ambiental, deixando assim o ambiente rural com predominância natural e com poucas transformações antrópicas.⑧

> ⑧ AÇÕES ANTRÓPICAS SÃO AS ALTERAÇÕES REALIZADAS PELO HOMEM NO PLANETA TERRA. A AÇÃO ANTRÓPICA NA NATUREZA SEMPRE ACONTECEU, DESDE OS TEMPOS ANTIGOS, POIS, SEMPRE QUE UTILIZAMOS ALGO DO MEIO AMBIENTE, DE ALGUMA MANEIRA O ALTERAMOS.

De maneira geral, roteiros realizados em ambiente rural tendem a explorar a interação do homem com a natureza e as atividades produtivas nele realizadas. Os atrativos nesse espaço sofrem com certas restrições de acesso, principalmente por causa das condições das estradas, o que requer do roteirista atenção à logística e aos meios de transporte utilizados. O ideal, se possível, é o uso de veículos próprios ou preparados ao terreno irregular, como os de tração 4 × 4, robustos e de carroceria alta, apesar de não serem adequados para grande número de passageiros.

SEMPRE QUE POSSÍVEL, DEVE SER EVITADO O USO DE ÔNIBUS EM AMBIENTE RURAL. VEÍCULOS MENORES, ALÉM DE CAUSAREM MENOS IMPACTOS AMBIENTAIS, APRESENTAM MENOR RISCO DE ACIDENTES E ATOLAMENTOS. ALGUMAS VIAÇÕES ATÉ MESMO SE RECUSAM A DISPONIBILIZAR O ÔNIBUS CASO PARTE DO PERCURSO SEJA REALIZADO EM ESTRADAS NÃO PAVIMENTADAS, E ESSE DEVE SER UM CUIDADO MUITO IMPORTANTE POR PARTE DO ORGANIZADOR DO ROTEIRO.

Ainda que simples, os empreendimentos devem ofertar estruturas de apoio relativas a alojamento, sanitários e alimentação. Muitas propriedades rurais estão se adaptando para poder atender aos clientes de maneira mais adequada, oferecendo estruturas modernas e novas tecnologias. Isso pode ser importante para alguns públicos, entretanto é importante que essas adaptações não descaracterizem o clima rural e que sejam priorizados a vida no campo e o contato com a natureza.

A atividade em ambiente rural causa mais impactos ambientais do que sociais, em razão do menor fluxo de turistas; mesmo assim, é de extrema importância estudar a capacidade de carga do empreendimento (ver página 138), para reduzir ao máximo os impactos do turismo no meio rural.

AMBIENTAÇÃO NATURAL

A ambientação natural é a que geralmente oferece maior grau de desafio para os organizadores de roteiros turísticos. Nesse tipo de espaço, as estruturas de apoio são raras e, normalmente, em menor quantidade do que o necessário para suprir as demandas dos turistas modernos. Dessa forma, os organizadores devem prever todos os detalhes e providenciar todas as estruturas, em relação tanto ao desenvolvimento do roteiro como ao bem-estar dos turistas.

Em casos de roteiros com longa duração, a equipe de roteiristas precisa pensar em deslocar, se necessário, toda a cadeia de suprimentos (alimentação, hospedagem, sanitários etc.) para os espaços onde serão realizados.

O ambiente natural também apresenta o desafio ao roteirista da avaliação da capacidade física e técnica de quem vai realizá-lo (principalmente no caso de atividades físicas não motorizadas, como caminhadas, escaladas, cavalgadas etc.). É natural que os percursos na natureza não sejam planos (esse é um dos seus atrativos!), que possuam desníveis (acentuados ou não) e obstáculos a serem ultrapassados. Todas essas características sobrecarregam o corpo e exigem força e equilíbrio, bem como resistência muscular e aeróbica dos visitantes.

É importante também analisar se devem ser instalados equipamentos de segurança nos pontos mais críticos das trilhas, em que o risco de acidente seja mais iminente. Algumas trilhas possuem orientação explícita (e até mesmo proibição) para somente serem percorridas com o acompanhamento de guias especializados, em razão de possibilidade de acidente ou de algum turista se perder por desorientação espacial.

> A SINALIZAÇÃO TURÍSTICA É ESPECIALMENTE RELEVANTE NOS ROTEIROS EM AMBIENTES NATURAIS, PARA EVITAR QUE OS TURISTAS SE PERCAM. A SINALIZAÇÃO ADEQUADA PODE SER RESPONSABILIDADE DO PODER PÚBLICO, MAS ISSO NÃO EXIME OS AGENTES REALIZADORES DOS ROTEIROS DE PROVIDENCIÁ-LA CASO COMERCIALIZEM ESSE ROTEIRO.

DEMANDA PRIORITÁRIA

A demanda turística pode ser caracterizada como "o conjunto de turistas, que de forma individual ou coletiva, estão motivados a consumir uma série de produtos ou serviços turísticos com o objetivo de cobrir suas necessidades de descanso, recreação, entretenimento e cultura" (DIAS *apud* BRASIL, 2010, p. 55).

Ou, ainda, como "a quantidade de bens e serviços turísticos consumidos por empresas e/ou famílias, dado o nível de renda, os preços e necessidades dos consumidores" (BRASIL, 2019b).

A demanda turística aqui descrita pode ser real ou potencial:

- **demanda real:** um fluxo turístico já existente na localidade, na região ou no atrativo a ser(em) visitado(s);

- **demanda potencial:** um fluxo que poderá passar a existir quando houver oferta do produto turístico – neste caso, do roteiro.

Consideramos demanda prioritária o conjunto predominante de turistas a que o roteiro se destina, aquele que irá ou poderá consumir o produto criado.

Existem inúmeras características humanas que podem ser relevantes para a elaboração de roteiros e que irão influenciar, direta ou indiretamente, sua estrutura; por esse motivo, é de extrema importância determinar o público ao qual o roteiro se dirige prioritariamente, bem como compreender o comportamento desse consumidor. Pode-se determinar o público-alvo de duas formas essenciais: orientativa ou restritiva/excludente.

Quadro 2.4
Forma de determinação do público-alvo (demanda prioritária).

Forma de determinação	Elaboração do roteiro	Exemplo
Orientativa	Conforme os gostos e as características de determinada demanda, mas de modo que outras pessoas, não pertencentes ao grupo prioritário, também possam participar da programação, sem que haja restrição quanto a isso.	Itinerário com programação direcionada para a terceira idade, mas que possa ser aproveitada por participantes que não estejam nessa faixa etária.
Restritiva/excludente	A partir da restrição da participação de pessoas que possuam (ou não) as características ou habilidades necessárias para compor o público-alvo predefinido.	Roteiros para maiores de idade (proibida a participação de menores), ou um roteiro cujo objetivo seja explorar navios naufragados por meio de mergulho autônomo (ou seja, existe a obrigatoriedade de possuir curso de mergulho e experiência).

Diversas características interferem no comportamento da demanda. Obviamente, jovens, adultos e idosos comportam-se de maneira diferente, e o roteirista deve pensar em programações voltadas para cada grupo. Homens e mulheres em geral possuem interesses diversos, e é necessário atender a todos; brasileiros, alemães, japoneses, egípcios etc. trazem bagagens culturais diversas, que precisam ser avaliadas pelo roteirista caso façam parte do grupo da demanda prioritária, pois em algum momento essas características culturais poderão ser geradoras de conflitos e desconfortos, ou mesmo colocar a organização do roteiro em xeque.

Entretanto é muito importante perceber que as pessoas não são simples reflexo de uma única característica que possuem, e sim de um composto delas. Pessoas com a mesma idade, viajando sozinhas ou com grupo de amigos, terão comportamento muito diferente daquele apresentado se estiverem viajando em família, por exemplo. As principais e mais comuns características que alteram a composição e o comportamento da demanda em roteiros turísticos são faixa etária, sexo/gênero, condições físicas, etnia/local de origem.

GRAU DE DIFICULDADE OU INTENSIDADE

No caso de programas com atividades físicas reconhecidas – como os que envolvem montanhismo, escalada, ciclismo e mergulho, entre outras –, os roteiros precisam incluir a classificação segundo sua dificuldade/intensidade:

- leve a moderada:
  - leve ou baixa/fácil;
  - moderada ou média.
- difícil a muito difícil:
  - severa ou alta/difícil;
  - muito alta/difícil.

Nos sites especializados em aventura e nas ofertas de roteiros que incluem atividades ao ar livre ou com atividades físicas, é comum encontrar essa classificação. A análise da dificuldade física exigida pelos roteiros, de maneira geral, só é feita nos itinerários realizados em ambientes naturais e, em alguns casos, nos ambientes rurais, quando o percurso exige esforço físico. É extremamente rara a existência de itinerários em ambientes urbanos com qualquer intensidade que não seja considerada de leve a moderada, exceto obviamente aqueles que são elaborados para a realização de competições esportivas, como maratonas e rallys, entre outras.

A ARTICULAÇÃO DAS DIVERSAS FORMAS DE CLASSIFICAÇÃO

Todas as classificações vistas neste capítulo – da forma de organização ao grau de dificuldade ou intensidade – são independentes umas das outras, e um roteiro em sua totalidade possui todas elas. Dessa forma, na elaboração do produto é preciso deixar claras quais características em cada classificação estão sendo priorizadas.

Na maior parte das vezes, os roteiros se utilizam de um elemento de cada uma das classificações – ou seja, ou o roteiro será realizado em ambiente urbano ou em ambiente natural; ou com transporte em ônibus leito ou em avião; ou será local ou internacional, e assim por diante.

Vale ressaltar que, em razão da complexidade do produto organizado, algumas vezes os itinerários precisam ser divididos em partes menores. Assim, podem passar a contemplar (no todo) mais de um elemento em uma mesma classificação, como um circuito que se utiliza de parte aérea para os trechos longos, ônibus de viagem para a maioria dos trechos, mas também realiza passeios a pé.

Em tese, podemos combinar todas as classificações livremente. Na prática, muitas vezes elas se tornam incompatíveis ou se excluem mutuamente. Dessa forma, dificilmente teremos um roteiro de abrangência internacional realizado em camelos em um único dia, ou um roteiro histórico com a demanda prioritária para a terceira idade realizado em canoas, por exemplo.

A classificação completa ocorre posteriormente à elaboração do roteiro e é feita de forma natural, de acordo com sua construção. As classificações vão se modificando conforme são realizadas as adaptações no roteiro. Essas classificações podem, inclusive, ser alteradas depois do itinerário finalizado, quando for detectada a necessidade de modificação. Não devemos esquecer que os roteiros são dinâmicos e sofrem constantemente influência de vários fatores, mesmo depois de o produto ser comercializado e estar consolidado no mercado.

Muitas vezes, ao ser apresentado ao mercado, o roteiro ganha seu nome conforme uma ou duas de suas classificações, apenas. Por exemplo, "Roteiro rodoviário – cidades históricas de Minas", "Europa – 10 dias", "Melhor idade em Caldas Novas" e assim por diante. A denominação de um roteiro a partir de somente umas poucas características não está errada; é apenas um artifício de marketing, pois as classificações técnicas da área nem sempre são de relevância para o consumidor, e é absolutamente necessário que o produto tenha um nome comercialmente atrativo. Imagine um produto denominado "Roteiro urbano de 5 dias, rodoviário, previamente estruturado, a Caldas Novas para grupo de melhor idade, de dificuldade leve". Nada chamativo, não é mesmo? As características necessárias do roteiro serão transmitidas ao cliente no conteúdo da proposta, e não na propaganda nem no nome, que deve ser simples e atrativo o suficiente para que o consumidor se interesse em buscar mais informações sobre ele.

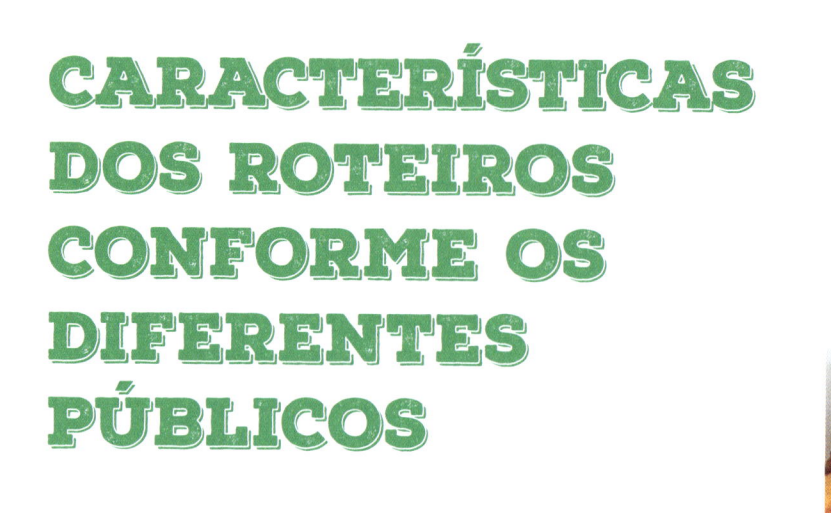

CARACTERÍSTICAS DOS ROTEIROS CONFORME OS DIFERENTES PÚBLICOS

CAPÍTULO 3

ACARAJÉ, QUITUTE QUE, POR MEIO DO OFÍCIO DAS BAIANAS DE ACARAJÉ, É REGISTRADO COMO PATRIMÔNIO CULTURAL IMATERIAL BRASILEIRO (SALVADOR, BRASIL).

Todo produto deve ter sua demanda prioritária bem definida, que pode ser ampla ou restrita; há de se pensar a quem se destina prioritariamente. A caracterização e a delimitação da demanda são fundamentais, pois um produto nunca será capaz de atender a todos ao mesmo tempo. Às vezes, é difícil até atender adequadamente às necessidades das pessoas de um mesmo grupo, pois cada um tem suas necessidades, vontades e características diferentes.

Elaborar um roteiro sem delimitar a quem se destina, tentando atender a todos ao mesmo tempo, tende a criar um produto amorfo, que não agrada a ninguém.

Os roteiros podem ter uma demanda abrangente quando atendem a públicos amplos e genéricos, com características comuns a quase todos os grupos. Isso é o que acontece com grande parte dos circuitos turísticos comerciais, que podem ser destinados a jovens, famílias ou idosos; que viajaram a lazer, ou para conhecer mais a história e a cultura locais.

Ou os produtos podem ter uma demanda mais restrita, como viagens para a prática de esportes radicais na natureza, que por suas características peculiares normalmente excluem famílias com crianças pequenas e a maioria dos idosos.

Ao definir o público-alvo, é necessário entender suas principais características comportamentais para poder escolher a programação. O não conhecimento dessas características, desses interesses e comportamentos pode fazer com que sejam organizadas programações completamente desinteressantes. Assim, torna-se fundamental no turismo segmentar a demanda.

No caso dos produtos turísticos, a segmentação do público pode ser feita de duas maneiras básicas: orientativa ou restritiva, conceitos abordados no capítulo anterior.

Por segmentação orientativa entende-se que a programação será "orientada" para os gostos e necessidades de determinado público, porém não há restrições à participação de ninguém. Como exemplo podemos mencionar um roteiro de dia todo para um parque temático infantil que, embora possua uma programação focada nos gostos das crianças (segmentação etária), permite que pessoas de quaisquer idades e características possam participar da programação sem que haja problemas. A segmentação orientativa pode ser de qualquer natureza, mas normalmente seu foco aborda questões etárias, etnia/local de origem, condições físicas e de gostos e interesses.

Por segmentação restritiva entende-se que a programação não contempla a participação de pessoas que não possuam determinada(s) característica(s). Como exemplo podemos mencionar uma excursão para homens solteiros cuja programação está focada no público LGBTQ+ e na qual não será permitida a presença de mulheres ou crianças. Essas restrições podem ser de qualquer natureza, mas normalmente se relacionam a questões como idade (programações proibidas para menores ou maiores de determinada idade), sexo/gênero (restrições para um ou outro), condições e habilidades físicas (resistência e uso de equipamentos).

Quando o roteiro é elaborado por uma empresa já consolidada no mercado, certamente seu público já está, de certa forma, delineado. A empresa pode optar por manter essa diretriz ou por abrir frentes de trabalho, ampliando seus horizontes com produtos diferenciados, visando atender a novas demandas.

Empresas novas no mercado e que estão iniciando seus serviços precisam elaborar um plano de negócio e estudar o mercado que pretendem atingir, para que possam elaborar o roteiro de acordo com as características dessa demanda.

Neste capítulo nos dedicamos a explorar algumas características do público-alvo isoladamente. Para fins didáticos, organizamos esses perfis conforme faixa etária, sexo/gênero, condições físicas, presença de deficiência, etnia/local de origem e interesses comuns. Ressaltamos que algumas dessas características são independentes, enquanto outras são relacionadas, interligadas e, por vezes, interdependentes.

Quadro 3.1
Características e variáveis para elaboração ou adequação do roteiro conforme o público-alvo.

Característica	Variáveis	Aspectos a atentar
Faixa etária	Público infantil	Segurança
		Horários
		Descanso, sanitários e alimentação
		Atividades e ludicidade
	Público jovem	Segurança
		Horários
		Acomodações
		Atividades e ludicidade
	Público adulto	Diferenças entre adulto jovem e adulto
	Público de terceira idade	Saúde
		Acessibilidade
		Horários
		Descanso, sanitários e alimentação
Sexo/gênero	Roteiros mistos, masculinos ou femininos, hetero ou LGBTQ+	Atividades e programações conforme o grupo
		Acomodações
Condição física	Orientativa ou restritiva nos roteiros	Dificuldades de acesso aos locais e atrativos
		Condições dos turistas

(cont.)

Característica	Variáveis	Aspectos a atentar
Deficiência	Deficiência física	Transporte, deslocamento, atrativos e serviços para cadeirantes.
		Número de atrativos, percurso, veículos, ambientes, bancos disponíveis para descanso, pisos e mobiliário para pessoas com dificuldade de locomoção.
	Deficiência sensorial	Comunicação para pessoas com deficiência auditiva.
		Trajeto, segurança, acompanhamento, informação e atrativos sensoriais para pessoas com deficiência visual.
	Deficiência intelectual	Objetivo do roteiro.
		Segurança, acompanhamento e guia acompanhante para pessoas com deficiência intelectual.
Etnia/local de origem	Roteiros exclusivos para grupos específicos.	Escolha dos atrativos, temática do roteiro, definição de horários de início e término, locais de parada, tipo de alimentação, entre outros fatores, no caso de grupos específicos e roteiros exclusivos.
	Públicos internacionais em roteiros convencionais que são separados em grupos conforme etnia/local de origem na chegada ao destino.	Ajustes na programação e na operação para públicos internacionais separados em grupos na chegada ao destino.

(cont.)

Característica	Variáveis	Aspectos a atentar
Afinidade de gostos	Roteiros "genéricos" × roteiros temáticos.	Pesquisa de mercado e de tendências.
		Conhecimento das características da demanda.
		Elaboração de roteiros encomendados para públicos específicos, mas de preferências conhecidas (e que funcionem como projetos-piloto).

FAIXA ETÁRIA

A faixa etária é provavelmente uma das características mais importantes a considerar quando da definição da demanda, pois interfere diretamente nos desejos e necessidades do público-alvo, afetando tanto aspectos da programação como questões referentes a restrição de participação.

PÚBLICO INFANTIL

Costuma-se considerar a infância como o período entre 0 e 12 anos. Para efeitos práticos no turismo, no entanto, a infância é dividida em duas etapas. A primeira, compreendida entre 0 e 5/6 anos, considera a criança "infante". Nessa etapa, a criança individualmente não tem poder de escolha, mas já é um dos principais fatores na decisão dos pais quanto aos locais de viagem e produtos a serem comprados, uma vez que é preciso que haja nos roteiros facilidades e serviços inclusos ou disponíveis para o atendimento de suas necessidades.

A segunda etapa, compreendida entre 5/6 e 12 anos, é caracterizada por uma participação mais ativa na viagem; passa a haver uma programação mais voltada aos interesses desse público. Nessa fase, a criança começa a ter maior influência no consumo dos destinos e produtos.

> AS CRIANÇAS DE UM MODO GERAL TÊM POUCA OU NENHUMA PACIÊNCIA PARA ATIVIDADES QUE NÃO SEJAM DIRETAMENTE DE SEU INTERESSE. PROTESTAM E, CASO SE SINTAM ENTEDIADAS, SÃO CAPAZES DE TRANSFORMAR A PROGRAMAÇÃO EM UM "INFERNO" PARA SEUS ACOMPANHANTES (E, ÀS VEZES, PARA OS OUTROS PARTICIPANTES DA VIAGEM). APESAR DA IMPACIÊNCIA, ELAS TAMBÉM SÃO MOVIDAS POR EXPECTATIVAS E PODEM SER SATISFEITAS DE FORMA RELATIVAMENTE FÁCIL COM ATRATIVOS OS QUAIS, DO PONTO DE VISTA DOS ADULTOS, NEM SEMPRE ESTÃO "EXCELENTES", "PERFEITOS" OU "BEM CUIDADOS", MAS QUE, POR ALGUM MOTIVO, SÃO CAPAZES DE DESPERTAR O INTERESSE DA GAROTADA.

Apesar de ser óbvio, é sempre bom ressaltar que roteiros que tenham como público principal o infantil devem considerar alguns itens básicos, como segurança, horários alternativos, ludicidade e espaços de descanso, sanitários e alimentação. Esses aspectos devem ser cuidadosamente estudados, independentemente do tipo do roteiro: familiar, de estudos, culturais etc.

SEGURANÇA

Todos os aspectos referentes à segurança precisam ser estudados, e todas as precauções, tomadas; seja em relação à documentação necessária, à prevenção de acidentes (bem como kit de primeiros socorros e treinamento especializado do pessoal acompanhante), a como lidar com problemas relativamente simples de saúde e tão comuns na infância, como alergias, febres, diarreias, vômitos, machucados etc.

A escolha dos atrativos também é fundamental: devem-se conhecer e checar previamente os locais a visitar e certificar-se de que suas características estejam adequadas à faixa etária a ser trabalhada. Não são raros os casos de localidades e atrativos que se "vendem" como seguros quando, na verdade, não o são. Se constatado que o atrativo não está adequado a seu público e ao roteiro, o roteirista tem três opções:

- providenciar a troca do atrativo por outro local que já esteja de acordo com suas necessidades, adaptando a programação;
- apresentar uma lista de adaptações necessárias a serem providenciadas ao responsável pelo local, explicando (gentilmente) os motivos (muitas das adaptações em geral são simples, não demandam grandes investimentos e podem ser utilizadas posteriormente como estratégia de marketing para o local);
- providenciar as adaptações de segurança temporárias somente para esses clientes/grupo, refazendo sua planilha de custos.

QUANDO SE TRATA DE TRABALHAR COM O PÚBLICO INFANTIL, É FUNDAMENTAL CONSIDERAR UM PRINCÍPIO BÁSICO: TUDO O QUE PODE DAR ERRADO PROVAVELMENTE EM ALGUM MOMENTO... DARÁ ERRADO! E ISSO NÃO É SER, DE MANEIRA ALGUMA, ALARMISTA. TRATA-SE APENAS DE UMA CONSTATAÇÃO APÓS MUITOS ANOS DE TRABALHO COM ESSE PÚBLICO. ENTÃO É PRECISO ESTAR, NA MEDIDA DO POSSÍVEL, SEMPRE PREVENIDO PARA TODOS OS "IMPREVISTOS".

HORÁRIOS

As crianças normalmente possuem um "relógio biológico" um pouco diferente do dos adultos. Dessa maneira, os roteiros com foco em crianças devem prever atividades em horários diferenciados daqueles ofertados a outros públicos. Programações para esse público precisam considerar que crianças, em geral, acordam mais cedo, comem e dormem mais cedo e precisam de pausa para descansar com maior frequência do que a maioria dos outros públicos[1] (exceto o da terceira idade).

Em caso de programações que incluam atividades noturnas, é preferível concentrá-las em determinado local no início da noite, para início tão logo escureça. O jantar deve ser adaptado para ser realizado no final da tarde, antes da programação noturna.

Há que se tomar cuidado também em relação a roteiros com caminhadas e atividades ao ar livre em dias muito quentes. As crianças são mais sensíveis à insolação (mesmo com todos os cuidados necessários) e não conseguem ter a exata percepção sobre se o sol está ou não sendo prejudicial. Assim, defina o início da programação para o mais cedo possível, evitando a exposição solar nos horários mais críticos (entre 10 e 16 horas).

DESCANSO, SANITÁRIOS E ALIMENTAÇÃO

Apesar de terem muita energia para brincar e se divertir, as crianças também se cansam com certa facilidade, o que as torna irritadiças, fato capaz de atrapalhar e colocar em risco toda a programação posterior.

Roteiros que trabalham com público infantil precisam prever paradas frequentes para descanso em áreas adequadas (limpas e seguras). É importante ressaltar que na maior parte das vezes as crianças não têm a percepção de que estão ficando cansadas e, portanto, nem sempre essas paradas são entendidas e "bem-vindas" por parte dos pequenos; entretanto basta não as realizar para, em pouco tempo, ter um grupo de miúdos irritados, e sua programação, prejudicada. Para resolver a equação "importância do descanso × não querer parar", uma das melhores soluções é incluir na programação alguma "atividade" que seja tranquila; uma atividade que sirva como momento de descanso infantil: apresentação de vídeo, momento de leitura, música ou contação de histórias, por exemplo.

---

[1] MESMO QUE ATUALMENTE ALGUMAS CRIANÇAS ESTEJAM SE ACOSTUMANDO A DORMIR MAIS TARDE, ATÉ MESMO DE MADRUGADA, ESTAMOS CONSIDERANDO AS ORIENTAÇÕES MÉDICAS IDEAIS PARA O PÚBLICO INFANTIL COMO UM TODO.

O mesmo acontece com a questão dos sanitários e da alimentação. As crianças têm maior dificuldade para controlar suas necessidades fisiológicas e só percebem que estão com fome ou com vontade de ir ao banheiro quando a necessidade é muito grande e, às vezes, tarde demais. Assim, os roteiros devem prever intervalos frequentes para alimentação (mesmo que uma breve parada para lanche) e idas frequentes aos sanitários.

ATIVIDADES E LUDICIDADE

Habilidades como perceber e prestar atenção não são inatas ao ser humano; são desenvolvidas com o amadurecimento e o passar do tempo (LOYOLA, 2003). Assim, quanto menores as crianças, mais curto tende a ser o tempo durante o qual elas conseguem manter a atenção em determinado assunto. É um público que se dispersa com muita facilidade.

As crianças têm interesses muito específicos, e a melhor maneira de captar a atenção delas e entretê-las por um período de tempo razoável é por meio de atividades lúdicas, preferencialmente participativas (quer tenham caráter educativo ou não), pois o lúdico faz parte do desenvolvimento infantil.

Considerando que as crianças tendem a se cansar de suas práticas com certa rapidez, é também muito importante que essas atividades sejam alternadas ou trocadas periodicamente. A prática da alternância constante de atividades é a ideal para manter o roteiro "em alta", quando as ações ainda estão interessantes.

PÚBLICO JOVEM

Embora o Fundo das Nações Unidas para a Infância (Unicef) compreenda o indivíduo de 0 a 18 anos como criança, não fazendo diferenciação entre esta e o adolescente/jovem, para efeito de elaboração de roteiros e consumo de produtos turísticos, neste livro consideramos adolescente/jovem o indivíduo com idade entre 12 e 18 anos, o qual possui características e necessidades específicas, muito diferentes das do público infantil.

Quando viajam junto aos pais, os adolescentes costumam acompanhá-los na programação básica regular de um roteiro para adultos, desde que esta não ofereça algum tipo de restrição de idade. Entretanto, por estarem em uma faixa etária intermediária, já começam a apresentar certa resistência ao planejamento das atividades. Isso, muitas vezes, é movido por uma reação muito típica da idade, mais parecida com **pré**conceito do tipo "não sei o que é, mas não gosto", "nunca experimentei, mas não gosto", "vai parecer mico, não gosto", "parece coisa pra velho, não gosto", "parece coisa pra criança, não gosto", "parece..., não gosto".

O adolescente, quando fora de seu círculo de amizades, é relativamente difícil de agradar. Comumente é irritadiço, apresenta muita resistência aos programas oferecidos (tanto aqueles para os adultos como infantis), costuma ter um mau humor típico da idade. Trata-se de um período de grande instabilidade emocional, geralmente ligada às oscilações hormonais. Sua identidade ainda está em formação, e seu comportamento sofre influência direta da família, das tendências da moda, de seu grupo de amigos (até a distância, por celular e redes sociais) e mesmo de outras pessoas que realizam o roteiro junto a ele (quer sejam conhecidos ou não), podendo ter suas preferências e humor sensivelmente alterados no decorrer de um único dia.

Entretanto, quando viajando desacompanhados, os adolescentes são bem mais fáceis de agradar. É nessa faixa etária que são realizadas as primeiras viagens sem os pais, seja com a escola, seja com os amigos ou em grupos formados por agências. Nesses casos, são importantes algumas adaptações específicas na programação e na operação, principalmente em relação a segurança, horários, acomodação e atividades.

SEGURANÇA

Na intenção de se provarem capazes de certas transgressões e proezas ou por não medirem a consequência de seus atos, os adolescentes podem se envolver em acidentes. Por essa razão, empresas que trabalham com esse público investem em treinamento de pessoal, procedimentos, equipamentos de segurança e monitoramento.

A figura da monitoria especializada atua no aspecto de segurança e no acompanhamento da programação e na promoção do bem-estar dos jovens. Nessa faixa etária, inicia-se também o controle em relação a sexo e consumo de álcool e de drogas.

> PODE PARECER INCRÍVEL, MAS MUITAS VEZES É MAIS DIFÍCIL ADMINISTRAR A SEGURANÇA DE JOVENS DESACOMPANHADOS DO QUE A DE CRIANÇAS, POIS OS PROCEDIMENTOS PARA O PÚBLICO INFANTIL SE BASEIAM NOS PERIGOS DO AMBIENTE, E OS DOS ADOLESCENTES SÃO FOCADOS NO QUE ELES PODEM FAZER A SI MESMOS E AOS OUTROS.

Em viagens exclusivas de adolescentes, é comum e aconselhável o estabelecimento de regras claras antes mesmo da partida. Recomendam-se reuniões com os jovens, seus pais ou responsáveis, o agente organizador (geralmente com a presença de alguns dos monitores que acompanharão a viagem) e o intermediador, caso haja, como a escola, o clube ou a igreja. Nessas reuniões são estabelecidas as regras para que o jovem possa participar da viagem em segurança. O jovem e seu responsável legal assinam um termo de responsabilidade no qual se comprometem a cumprir as regras de participação acordadas, sob pena da interrupção da viagem em caso de descumprimento.

Entre as maneiras de controle de segurança estão o monitoramento de entrada e saída dos locais, a utilização de pulseiras de identificação e a utilização de meios de hospedagem e passeios exclusivos para os jovens.

HORÁRIOS

Quase inversamente ao que ocorre com o público infantil, adolescentes e jovens deitam e acordam tarde. Têm larga preferência por atividades noturnas, como shows e baladas, virando a noite acordados. Consequentemente, demonstram grande dificuldade em sair cedo da cama, não sem grande dose de mau humor. Dessa forma, é interessante atentar-se a esse detalhe e organizar a programação de modo que os horários pela manhã possam ser "mais flexíveis" em relação ao começo das atividades e, sempre que possível, com início um pouco mais tarde do que seria o usual.

ACOMODAÇÕES

Em caso de roteiros que pressuponham acomodação, os adolescentes desacompanhados devem ser divididos em alas por sexo. Priorizam-se meios de hospedagem com duas ou mais alas que possam ser isoladas e controladas, para evitar as eventuais e tão comuns "escapadas noturnas". O controle em relação à acomodação deve ser feito pelos monitores que acompanham o grupo, os quais devem se revezar até se certificarem de que estão todos dormindo.

Os adolescentes, em geral, não têm muitas expectativas em relação a luxo e comodidade, exceto wi-fi.② Dão preferência a meios de hospedagem em que seja possível acomodar quatro ou até seis no mesmo apartamento, para que possam ficar conversando até a madrugada.

② EM CASO DE RECEBIMENTO DE UM GRUPO DE JOVENS EM UM ESTABELECIMENTO COM WI-FI LIVRE É INTERESSANTE SOLICITAR AO ADMINISTRADOR DA REDE QUE INSIRA FILTROS, BLOQUEIOS E EVENTUAL MONITORAMENTO DE CONTEÚDOS DE CARÁTER PORNOGRÁFICO E INDEVIDO; E QUE ISSO SEJA DEVIDAMENTE INFORMADO AOS ADOLESCENTES E SEUS RESPONSÁVEIS.

ATIVIDADES E LUDICIDADE

O grande desafio na montagem da programação das atividades para jovens é conseguir equilibrar o espírito aventureiro e irrequieto desse público com a necessidade de segurança, muitas vezes por eles tão negligenciada.

No caso de viagens de jovens desacompanhados, deve-se evitar ao máximo a saída para atividades individuais sem um adulto. Isso dependerá do destino do roteiro, do grau de segurança urbana existente e da avaliação dos riscos que o local oferece. Deve-se sugerir fortemente que evitem se dispersar na localidade visitada nos períodos livres e que andem sempre em grupos.

Jovens normalmente têm pouco interesse (e paciência) em visitas de caráter histórico e cultural; caso sejam necessárias, os roteiros devem conter atividades mais dinâmicas e, se possível, "transformar" as visitas em práticas lúdicas, como gincanas, quiz, campeonatos, tarefas, elaboração de vídeos etc., de modo que "desviem o foco" do objetivo de aprendizado.

Entretanto, é preciso cuidado e atenção ao organizar a parte recreativa; nessa fase, muitos adolescentes têm vergonha de participar de determinadas atividades, considerando-as "coisa de criança". Assim, as atividades lúdicas precisam ser muito bem dosadas, devendo ser aplicadas em caráter opcional, por pessoas especializadas. Por outro lado, por ser um público de muita energia, tais atividades são fortemente recomendadas, pois proporcionam alto gasto energético e promovem grande integração entre os participantes. Se bem planejadas e executadas, tornam o roteiro intenso, divertido e contemporâneo.

PÚBLICO ADULTO

A partir de 18 anos, o indivíduo é considerado adulto. É o início do pleno desenvolvimento financeiro e social da maior parte da população. O público adulto é muito amplo e oferece uma enorme gama de opções para a montagem de roteiros.

Mesmo de acordo com o que é considerado genericamente adulto, para o mercado turístico já existe uma subdivisão etária:

- **o grupo "jovem adulto" ou "adulto jovem":** geralmente de solteiros, com idades entre 18 e 35/39 anos;
- **o grupo "adulto", apenas:** idade entre 35/39 anos e 59 anos.

Quadro 3.2
Características do público adulto e orientações para elaboração dos roteiros.

Público	Características	Programação
Jovem adulto ou adulto jovem	Apresenta comportamento e atitudes tanto de jovens como de adultos. Possui grande proximidade com a tecnologia. Tem interesses variados: natureza, música, dança, festas, noite, compras, tecnologia, história, cultura e tudo o que esteja na moda. Grande parte viaja sozinha ou com amigos, integrando-se a grupos e fazendo novas amizades com facilidade no decorrer das viagens. Prefere realizar as atividades e visitações de acordo com sua própria vontade e não gosta de programações previamente definidas, com horários rígidos e sem possibilidade de alterações.	Roteiro que tenha um excelente custo/benefício, visto se tratar de um consumidor ainda não plenamente desenvolvido em termos financeiros; que não se importa muito com conforto ou luxo. Roteiro que mescle atividades programadas com atividades opcionais e reserve tempo livre, para o jovem adulto exercer sua autonomia.
Adulto	As características passam a ser muito mais sensíveis às outras variáveis do que à idade propriamente dita, como estado civil, composição do grupo, motivação da viagem, gostos e interesses, condições financeiras.	O foco deve ser outro que não a faixa etária, pois esta representa um aspecto secundário. O roteiro com foco em adultos é considerado "básico" ou "padrão"; deve ter os cuidados e estruturas de todos os roteiros em relação a segurança, programação, sanitários, áreas para descanso e paradas para alimentação.

PÚBLICO DE TERCEIRA IDADE

O perfil do viajante de terceira idade tem mudado rapidamente nos últimos tempos. Hoje, grande parte das pessoas que viajam tem mais de 60 anos, e esse público vem aumentando dia a dia. A chamada "melhor idade" apresenta interesses diversos e, apesar de ainda ser predominantemente interessada em questões históricas, culturais, gastronômicas e religiosas, tem cada vez mais manifestado também apreço por ambientes naturais e atrativos alternativos.

Idosos tendem a ser um pouco mais precavidos em suas viagens, notadamente em relação a conforto, a aspectos que possam afetar sua saúde e a locais com culturas muito diferentes, principalmente quando na localidade visitada fala-se um idioma que não dominam.

Em geral, esse público é bem menos aventureiro que o de jovens e adultos, preferindo realizar viagens em família e/ou em grupos de amigos e conhecidos. Valoriza muito o acompanhamento de um guia de viagem e o apoio de uma programação predefinida, que não sofra alterações de última hora.

Costuma ser mais rigoroso com relação a horários, acorda cedo e é mais lento em seu deslocamento. Em essência, prefere as programações diurnas às noturnas, embora não as exclua totalmente, valoriza bons shows, espetáculos e jantares, mas que não se estendam até muito tarde. Ao incluir programação noturna no roteiro, é muito importante que se tenha o cuidado de no dia seguinte iniciar a programação um pouco mais tarde.

> A TERCEIRA IDADE DÁ MAIS VALOR À QUALIDADE DO QUE À QUANTIDADE, ATÉ PORQUE EM GERAL POSSUI MENOR APTIDÃO FÍSICA E MENOS FÔLEGO PARA PROGRAMAÇÕES EXTENSAS E PERCURSOS LONGOS, EMBORA APRESENTEM ENORME DISPOSIÇÃO E MUITO ENTUSIASMO. É RECOMENDÁVEL ESCOLHER ATRATIVOS E SERVIÇOS DE RECONHECIDO PADRÃO, QUE POSSAM SER APROVEITADOS POR UM PERÍODO DE TEMPO MAIOR. SUGERIMOS QUE SEJA REDUZIDO O NÚMERO DE CIDADES VISITADAS E AUMENTADO O NÚMERO DE PERNOITES EM CADA UMA DELAS, EVITANDO O CANSATIVO PROCESSO DE CHECK IN/OUT E TORNANDO A VIAGEM MAIS PRAZEROSA.

Os principais cuidados a serem tomados dizem respeito a saúde, acessibilidade, horários diferenciados e questões relativas a descanso, sanitários e alimentação.

SAÚDE

O público de terceira idade é bastante sensível quanto a aspectos de saúde, principalmente os relativos a mudanças bruscas de clima, alterações de fuso horário e alimentação. É preciso estar atento a esses quesitos, tomando algumas precauções, como:

- solicitar e incluir ficha médica dos passageiros;
- exigir, oferecer ou incluir seguro de saúde dos passageiros;[3]
- escolher locais que ofereçam alimentação variada, saudável e balanceada;
- certificar-se de que a localidade a ser visitada possui atendimento médico adequado, em caso de necessidade, ou nas proximidades;
- incluir acompanhante e guias especializados com experiência em terceira idade e primeiros socorros;

[3] É POSSÍVEL FIRMAR PARCERIAS COM CONVÊNIOS MÉDICOS, CLÍNICAS OU HOSPITAIS LOCAIS.

- cuidar da climatização dos veículos, evitando excessos nas temperaturas, bem como permanência longa em ambiente com ar muito seco;

- escolher atrações que possuam climatização adequada, também evitando locais com ar condicionado muito forte;

- fazer um alerta prévio aos passageiros quanto a locais de frio e cuidar para que todos estejam devidamente agasalhados e com roupas/calçados impermeáveis, quando for o caso;

- evitar exposição ao sol nos períodos de pico e calor intenso quando se tratar de atrações ao ar livre. Caso não haja essa possibilidade, providenciar chapéus, protetor solar, óculos de sol, bastante água e áreas de descanso frequentes, para evitar desidratação e cansaço excessivo;

- prever tempo livre para atividades leves e opcionais no final dos primeiros dias em casos de roteiros sujeitos a mudanças de fuso horário, para que os passageiros descansem e se adaptem.

ACESSIBILIDADE

Mesmo que atualmente os viajantes da terceira idade sejam bem mais dispostos do que no passado, é necessário ter em mente que a mobilidade não é mais a mesma das faixas etárias anteriores. Assim, é importante cuidar de alguns detalhes:

- escolher atrativos próximos, para percursos a pé, e providenciar veículo para trajetos mais longos;

- evitar atrações obrigatórias que sejam muito agitadas e/ou que causem grande desgaste físico;

- evitar atrativos com algum tipo de obstáculo, que exijam destreza ou ofereçam algum risco de queda (por exemplo, embarques e desembarques em embarcações a partir da praia sem píer);

- evitar, na medida do possível, percursos com ladeiras e escadas, e que estas possuam degraus não muito altos ou irregulares;④

---

④ ISTO É QUASE UM PARADOXO PARA O ROTEIRISTA, POIS OS CENTROS E AS CIDADES HISTÓRICAS — ATRATIVOS DE PREFERÊNCIA DO PÚBLICO DA TERCEIRA IDADE — APRESENTAM, EM GRANDE PARTE, DIFICULDADES DE ACESSO INERENTES AO LOCAL E QUE NÃO PODEM SER MODIFICADAS SOB PENA DE DESCARACTERIZAÇÃO DOS ASPECTOS HISTÓRICOS. É COMUM TERMOS ÁREAS COM PISOS E ESCADARIAS SECULARES DE PEDRAS IRREGULARES E ESCORREGADIAS. NESSES LOCAIS, VALEM A DIMINUIÇÃO DA VELOCIDADE DA CAMINHADA, A ORIENTAÇÃO FIRME PARA QUE SEJA REDOBRADO O CUIDADO AO CAMINHAR (SE POSSÍVEL, PROVIDENCIAR O APOIO DE CAJADOS OU BENGALAS) E A INDICAÇÃO DE CALÇADOS APROPRIADOS (QUE NÃO ESCORREGUEM E SEJAM CONFORTÁVEIS E SEM SALTO).

- tomar cuidado nos locais onde se pretende realizar caminhadas e verificar se há piso irregular, com desníveis ou pedras soltas;⑤
- escolher criteriosamente os veículos utilizados e, sempre que possível, contratar os que possuam facilidade de embarque e desembarque como o "knelling" (rebaixamento da suspensão);
- evitar a utilização de veículos altos (com grande espaço entre plataforma e trem, píer e lancha) ou que sejam de difícil embarque, como canoas e balões etc.;
- providenciar um degrau intermediário a ser colocado na hora do embarque e do desembarque dos veículos, assim como o apoio ("mão amiga") do guia;
- selecionar com cuidado os locais de embarque e desembarque, para que possam ser efetuados de maneira tranquila, sem correria, sem percalços e de modo que evite acidentes de trânsito, atropelamentos e quedas.

⑤ EXCETO SE FOR UM ROTEIRO DE AVENTURA E ESSAS CARACTERÍSTICAS FIZEREM PARTE DO TRAJETO. OS PARTICIPANTES DEVEM ESTAR PREPARADOS, PRÉVIA E DEVIDAMENTE AVISADOS DAS CARACTERÍSTICAS DO ROTEIRO E DAS CARACTERÍSTICAS NECESSÁRIAS PARA A PARTICIPAÇÃO. MESMO ASSIM, É INTERESSANTE QUE O ROTEIRISTA PENSE EM UMA ALTERNATIVA, CASO ALGUM PARTICIPANTE NÃO SE SINTA EM CONDIÇÕES DE VISITAR AQUELE ATRATIVO EM ESPECIAL.

HORÁRIOS

Os roteiros com foco em terceira idade podem, de acordo com as possibilidades, propor horários alternativos para suas programações, iniciando-se e encerrando-se mais cedo, pois os idosos de maneira geral preferem acordar mais cedo, realizar refeições mais cedo e dormir mais cedo.

Outro aspecto interessante pode ser a inclusão de um período de descanso, uma pausa intermediária durante a programação diária, após o almoço. A sesta, tão comum na Europa, permite que o idoso descanse e reponha as energias para as atividades para o meio e o final da tarde.

DESCANSO, SANITÁRIOS E ALIMENTAÇÃO

É preciso incluir pausas para descanso, locais de apoio com sanitários e alimentação durante quase todo o trajeto. Também deve haver locais com bancos para descanso e, se necessário, ser reduzido o ritmo do passeio. Alguns passageiros podem apresentar incontinência urinária, necessitando de sanitário sempre por perto. Outros podem apresentar diabetes ou hipoglicemia, precisando de alimentação com certo imediatismo.

Essas pausas devem ser sutilmente incluídas na programação como tempo para compras, um café, um sorvete, para tirar fotos, para apreciar o pôr do sol. Deve-se evitar que sejam declaradas como "momentos de descanso" ou "idas ao banheiro", pois esses participantes em geral não gostam de assumir publicamente suas limitações e muitos ficam irritados ao terem explicitada a redução de sua resistência física. Nessa idade, entretanto, a tolerância ao desconforto físico, ao cansaço e à fome é drasticamente reduzida, e tal desconforto pode facilmente transformar-se em uma irritação generalizada. Assim, é muito importante que esses fatores estejam sempre previstos em programações para a terceira idade.

SEXO/ GÊNERO

De maneira geral, a imensa maioria dos roteiros turísticos é elaborada visando atender a públicos mistos, entretanto é possível que em alguns casos sejam organizados roteiros específicos para públicos distintos segmentados por sexo/gênero. Por exemplo, grupos de amigos para a prática de pesca; de amigas que viajam para spas ou compras; grupos segmentados pela opção sexual.

Dessa forma, podemos ter roteiros mistos, masculinos ou femininos, hetero ou LGBTQ+, considerando todas as variações da sigla (lésbicas, gays, bissexuais, travestis, transexuais, transgêneros, queers e outras identidades de gênero).

Se um roteiro é definido para um público específico em relação a sexo/gênero, as principais providências a serem tomadas dizem respeito à acomodação (cuidar essencialmente para que as acomodações estejam rigorosamente de acordo com a solicitação dos clientes, com camas de solteiro e casal para os que assim o solicitarem).

> AINDA SE ENCONTRAM, NA HOTELARIA (PRINCIPALMENTE EM CIDADES E HOTÉIS PEQUENOS E FAMILIARES), EM DECORRÊNCIA DE PRECONCEITO, PESSOAS DOS SETORES DE RESERVAS E GOVERNANÇA QUE NÃO ALTERAM A CONFIGURAÇÃO DOS APARTAMENTOS QUANDO SOLICITADA CAMA DE CASAL PARA DOIS HOMENS OU DUAS MULHERES. HÁ AINDA CASOS DE ESTABELECIMENTOS QUE NÃO ACEITAM RESERVAR ACOMODAÇÕES COM CAMAS DE CASAL PARA TAIS SITUAÇÕES. TAMBÉM PODE ACONTECER DE, POR ENGANO, SEREM OFERTADOS APARTAMENTOS COM CAMA DE CASAL PARA DOIS AMIGOS OU AMIGAS QUE DEVERIAM FICAR ACOMODADOS EM APARTAMENTOS COM CAMAS DE SOLTEIRO. AMBAS AS SITUAÇÕES CAUSAM GRANDE CONSTRANGIMENTO AOS TURISTAS. O IDEAL É QUE A LISTAGEM DE HÓSPEDES E A CONFIGURAÇÃO DAS ACOMODAÇÕES SEJAM CONFERIDAS PRÉVIA E ATENTAMENTE COM A AGÊNCIA, PARA EVITAR QUAISQUER PROBLEMAS E GARANTIR O MELHOR ATENDIMENTO AO CLIENTE.

Quanto à programação, deve obviamente ser focada nos interesses daquele público. Assim, é fundamental entender as características e preferências do grupo (não só o sexo/gênero) para adaptar e/ou elaborar a programação.

CONDIÇÃO FÍSICA

A realização de qualquer programação turística provoca algum tipo de desgaste físico. Mesmo os roteiros com poucas paradas e que sejam realizados em veículos com ar-condicionado já causam algum cansaço em razão das constantes descidas e subidas, entradas e saídas e pequenas caminhadas nos atrativos.

A sensibilidade e a percepção de cansaço são individuais e dependem das condições físicas de cada um, seus interesses e motivações.

Entretanto, outros fatores também interferem na sensibilidade e no aumento do cansaço – por exemplo, faixa etária, deficiências (ver item "Deficiência"), dificultadores como próteses ou órteses, bagagens, carrinhos de bebê, crianças pequenas, doenças cardíacas.

É importante que o roteirista conheça as dificuldades de acesso existentes em veículos, atrativos e localidades não adequados a idosos e outros públicos com dificuldade de locomoção.

Em roteiros realizados em ambientes naturais e que demandem desgaste físico significativo (por exemplo, expedições, romarias, peregrinações, trilhas, caminhadas ou similares), é importante que o roteirista tenha claras as condições físicas necessárias para que o participante consiga suportar aquele percurso sem problemas. Esses pré-requisitos precisarão ser indicados antes da venda do produto. Devem também ser checados momentos antes do início do percurso.

Normalmente, a condição física é uma condição restritiva para a participação do público, e não apenas orientativa. Se, por um lado, em determinados roteiros o objetivo é justamente a transposição de desafios com diferentes graus de dificuldade, por outro essa exigência pode reduzir a abrangência do público-alvo. O roteirista pode administrar a programação de modo que essa exigência de condição física seja requerida somente em um dia ou em determinado trecho do trajeto, de forma opcional, como a entrada em caverna, a escalada de pedra, a travessia de rio, sem prejuízo daqueles que optem por não o fazer. Dessa forma, conquistam-se e atendem-se dois públicos com um único produto.

DEFICIÊNCIA

Além de roteiros que exijam determinadas condições físicas, temos um vasto público com necessidades específicas a serem atendidas: o de pessoas com deficiência (PcD) – física, sensorial, intelectual.

Existem diversas adaptações que podem ser feitas em um roteiro, mas antes de tudo é preciso determinar as demandas do público em questão. Não é possível montar um único produto para todas as deficiências, visto que algumas adaptações são específicas para uma deficiência e inadequadas para outra; dessa forma, para poder comercializar um roteiro adaptado para PcD, é preciso trabalhar com um grupo específico.

- **Deficiências físicas:** referem-se àquelas relacionadas aos movimentos. São as mais fáceis de serem identificadas, uma vez que geralmente estão visíveis a todos, porém nem sempre são as mais fáceis de trabalhar, haja vista a dificuldade de encontrar locais corretamente adaptados (ver páginas 95 e 97).
- **Deficiências sensoriais:** são as relacionadas aos sentidos, ou seja, visão, audição, tato, olfato e paladar. Embora todos os sentidos sejam importantes para o pleno desenvolvimento do ser, a deficiência visual e a auditiva são as que requerem maior adaptação na elaboração de roteiros (ver páginas 99 e 102).⁶
- **Deficiência intelectual (DI):** é a relacionada à redução da capacidade intelectual, em que a pessoa apresenta algum atraso em seu desenvolvimento, ocasionando dificuldades no aprendizado, na interação com o meio e na realização de tarefas. Pessoas com deficiência intelectual são frequentemente tidas como doentes mentais e sofrem preconceito e infantilização. A elaboração de roteiros exige a observação de alguns fatores específicos (ver página 105).

⑥ PESSOAS COM PROBLEMAS DE TATO, OLFATO OU PALADAR RARAMENTE SÃO IDENTIFICADAS E, DE UM MODO GERAL, NÃO SÃO CONSIDERADAS NA ELABORAÇÃO DE ROTEIROS. OBVIAMENTE QUE PROGRAMAR UMA VIAGEM GASTRONÔMICA PARA PESSOAS SEM PALADAR OU OLFATO SERIA UM DESAFIO, MAS ESTES SÃO CASOS QUE DEVEM SER CONTEMPLADOS INDIVIDUALMENTE.

CADEIRANTES

São considerados cadeirantes todos aqueles que necessitam da utilização de cadeira de rodas para seu deslocamento. Para esse público, a escolha da localidade e/ou dos atrativos é fundamental na elaboração dos roteiros. Há espaços que não são adaptáveis ou onde a adaptação do roteiro é tão complicada que é preferível alterar a localidade ou o atrativo a visitar.

Outro item relevante a considerar é verificar quantos cadeirantes o(s) veículo(s) escolhido(s) está(ão) adaptado(s) para receber concomitantemente. Com a(s) localidade(s) e o(s) veículo(s) definidos, pode-se iniciar a montagem da programação.

TRANSPORTE E DESLOCAMENTO

Embora não seja fácil encontrar veículos adaptados em todos os cantos do país, há no Brasil hoje algumas empresas empenhadas em ampliar sua frota para atender a esse público. Além de necessário, bem como um direito constitucional, mostrou-se também ser um promissor nicho comercial.

Alguns ônibus adaptados possuem uma porta a mais na lateral da carroceria, com um elevador acoplado que transporta o cadeirante, com acompanhante, se necessário, para dentro do veículo. Esses ônibus geralmente possuem espaço para três ou quatro cadeiras de rodas, que são presas ao piso do veículo por meio de catracas, caso os cadeirantes não queiram ser transportados para as poltronas de fácil acesso existentes no veículo.

Outros ônibus podem ter a plataforma de acesso adaptada na própria entrada do veículo, atuando em conjunto com o sistema de kneeling e o interior adaptado e proporcionando ao cadeirante a sensação de "pertencimento", uma vez que pode participar do roteiro com outros cadeirantes e sem grandes manobras para adentrar o ônibus.

É importante ressaltar o cuidado não só na entrada e na saída do atrativo, mas em todo o processo: desembarcar do veículo, entrar no atrativo, realizar a visita, sair do atrativo, embarcar no veículo novamente. Quando esse processo é feito em veículos sem adaptação, é grande a dificuldade, principalmente caso haja muitos cadeirantes, visto que o tempo despendido pode ser aumentado de maneira expressiva.

ATRATIVOS E SERVIÇOS

A escolha dos atrativos também precisa ser criteriosa em relação às condições de acessibilidade desde o desembarque do veículo. Infelizmente nem todos os locais estão adaptados para receber cadeirantes de maneira adequada, e o que poderia ser um passeio agradável pode facilmente transformar-se em transtorno e embaraço.

Deve-se procurar circular por locais com pisos lisos, com calçamento em bom estado e evitar aqueles com desníveis ou estruturas soltas. Também é preciso verificar a existência e a inclinação das rampas de acesso, além da disponibilidade de sanitários adaptados.

Os atrativos de cunho histórico são os que normalmente possuem menos estrutura de acessibilidade para os cadeirantes, em razão de suas características arquitetônicas e de questões de tombamento, embora vários sejam adaptados.

Há hoje também localidades turísticas trabalhando com técnicas de acessibilidade em vários atrativos em espaços naturais, permitindo a prática do turismo de aventura, com atividades antes impensáveis a esse público. É o caso da cidade de Socorro, no interior de São Paulo, que possui desde meios de hospedagem completamente adaptados a agências que trabalham com atrativos e atividades inteiramente acessíveis.

O mesmo cuidado deve ser tomado na escolha dos serviços no programa, desde ambulift⑦ nos aeroportos à acessibilidade na hospedagem, bem como em áreas de descanso e de alimentação. Todos os locais devem oferecer aos cadeirantes condições de fazer as visitações sem depender de ninguém para empurrá-los ou carregá-los.

⑦ EQUIPAMENTO UTILIZADO PARA EMBARQUE E DESEMBARQUE DE PASSAGEIROS COM DEFICIÊNCIA.

Boa parte dos cadeirantes viaja acompanhada, porém é importante que se sintam capazes de realizar suas próprias atividades. Em um mundo ideal, se tudo fosse realmente adaptado, qualquer PcD poderia viajar sem acompanhamento ou poderia escolher sua companhia de viagem por prazer e não por necessidade.

PESSOAS COM DIFICULDADES DE LOCOMOÇÃO

Por analogia à palavra cadeirante, muletante é o termo que usamos para caracterizar pessoas que se utilizam de muletas. Embora de um modo geral tenham mais autonomia que os cadeirantes, também apresentam grande dificuldade de locomoção.

Nesse grupo estão também inseridos obesos, idosos, gestantes, pessoas com nanismo (adultos com até 1,40 metro de altura), pessoas com próteses de membros inferiores, pessoas que, mesmo que não utilizem prótese ou órtese, também se movimentem com dificuldade.

Quanto mais informações houver sobre o público em questão, maiores as chances de adaptar o roteiro adequadamente e, portanto, maiores as chances de sucesso. Devemos lembrar que, embora todos desse grupo possuam dificuldade de locomoção, tais dificuldades são distintas e individuais.

Nem todas essas pessoas têm um problema. Pode ser uma condição passageira, como um membro engessado, famílias com carrinho de bebê ou com criança de colo ou, como foi dito, uma gravidez. Cada condição é única, porém alguns cuidados valem para a maioria dos casos.

De um modo geral, devem-se considerar principalmente os aspectos referentes a piso, elevações, distâncias e mobiliário.

> A IDEIA DA AUTONOMIA DEVE PREVALECER. OS LOCAIS ESCOLHIDOS PARA VISITAÇÃO DEVEM PROPORCIONAR AO TURISTA CAPACIDADE DE VISITAÇÃO INDEPENDENTE, CONFORME SUA NECESSIDADE E SUA VONTADE.

Quadro 3.3
Aspectos do roteiro e cuidados necessários ao público com dificuldade de locomoção.

Aspecto	Cuidados
Número de atrativos	A quantidade de atrativos normalmente visitados em roteiros mais longos pode ser reduzida, para prever um maior tempo de permanência nos locais, reduzindo o desgaste do grupo.
Percurso	Devem ser evitados percursos muito longos a pé. Quando for o caso, providenciar o estacionamento do veículo o mais próximo possível do ponto de encontro e dos atrativos.
Veículos	Os adaptados são bem-vindos, mas na impossibilidade desses podem ser utilizados veículos comuns. Os ônibus do tipo double deck devem ser evitados em razão das escadas estreitas e da dificuldade de subida.

(cont.)

Aspecto	Cuidados
Ambientes	Nos roteiros realizados em ambientes naturais, o roteirista deve certificar-se de que os participantes do grupo serão capazes de transpor as dificuldades inerentes ao local.
Bancos disponíveis para descanso	Devem existir em frequência maior que a habitual. Caso o local não possua bancos para descanso, o agente realizador do roteiro deve, sempre que possível, providenciar bancos portáteis para fornecer aos turistas.
Pisos	O roteiro deve privilegiar a circulação em locais que possuam pisos. E estes devem ser regulares, estar em boas condições, não se apresentarem escorregadios e possuir espaço suficiente para o deslocamento com muletas.⑧ Devem ser evitados, ao máximo, locais com desníveis ou estruturas soltas.
Mobiliário	Pessoas com obesidade podem necessitar de locais com mobiliário reforçado, por questão de conforto e segurança. Para quem apresenta nanismo o mobiliário também é relevante, uma vez que pouquíssimos locais oferecem esse tipo de adaptação específica. Algumas modificações podem fazer toda a diferença, como escadas com degraus baixos, apoio para os pés em restaurantes, cadeiras mais altas, piso elevado para a pia, vaso sanitário ou louças sanitárias mais baixas. Vale lembrar que cadeiras para infantes não são apropriadas ao público com nanismo, pois crianças e anões possuem estruturas físicas muito diferentes.

⑧ PARA MAIS INFORMAÇÕES SOBRE CONFIGURAÇÕES RELATIVAS A ACESSIBILIDADE, CONSULTAR NORMA DA ABNT NBR 9050:2004: HTTPS://WWW.PREFEITURA.SP.GOV.BR/CIDADE/SECRETARIAS/UPLOAD/NBR_%2009050_ACESSIBILIDADE%20-%202004%20-%20ACESSIBILIDADE_A_EDIFICACOES_MOBILIARIO_1259175853.PDF. ACESSO EM: 4 NOV. 2019.

PESSOAS COM DEFICIÊNCIA AUDITIVA

Existem vários tipos de problemas de audição. Há pessoas com surdez que não escutam absolutamente nada, seja de nascença ou porque perderam a audição em algum momento da vida; há pessoas com deficiência auditiva, mas que preservam alguma percepção de som, e há aquelas que se utilizam de próteses ou órteses auditivas, como aparelhos móveis ou implantes cocleares.⑨

⑨ EQUIPAMENTO ELETRÔNICO QUE ESTIMULA O NERVO AUDITIVO E QUE PODE SER IMPLANTADO EM ALGUMAS PESSOAS.

INFELIZMENTE, AINDA É MUITO COMUM ENCONTRARMOS A EXPRESSÃO SURDO-MUDO. PESSOAS SURDAS NÃO SÃO MUDAS. A MUDEZ CARACTERIZA-SE PELA INCAPACIDADE DE PRODUZIR A FALA; NÃO É UMA DEFICIÊNCIA SENSORIAL, POIS A FALA NÃO É UM SENTIDO. A MUDEZ PODE SER CAUSADA POR UMA DEFICIÊNCIA FÍSICA. PCD AUDITIVA COMUNICA-SE E EMITE SONS SEM PROBLEMAS, MAS TEM GRANDE DIFICULDADE DE PRODUZIR PALAVRAS, POIS, COMO NÃO ESCUTA, NÃO SABE COMO REPRODUZIR OS VERBETES COM PRECISÃO. ALÉM DA MUDEZ, EXISTEM OUTROS DISTÚRBIOS DE FALA E LINGUAGEM. PESSOAS MUDAS OU COM ESSE TIPO DE DISTÚRBIO GERALMENTE SÃO MAIS RETRAÍDAS, MAS PODEM E DEVEM SER INCLUÍDAS EM ROTEIROS SEM ADAPTAÇÕES.

> EMBORA A SEGUNDA LÍNGUA DO PAÍS SEJA A LÍNGUA BRASILEIRA DE SINAIS (LIBRAS), POUCOS SABEM DISSO. PARA OS SURDOS, ENTRETANTO, LIBRAS É A LÍNGUA NATURAL; A SEGUNDA PASSA A SER O PORTUGUÊS, MUITAS VEZES UTILIZADO SOMENTE E PRINCIPALMENTE NA ESCRITA (QUANDO E SE A PESSOA SURDA CONSEGUE SER ALFABETIZADA).

Pessoas surdas de nascença possuem uma percepção de mundo diferente das pessoas que um dia escutaram. Nem todo surdo domina a leitura labial; a maioria dos surdos possui grande dificuldade no aprendizado da língua oral – no caso do Brasil, o português. Sua primeira língua, portanto, é língua de sinais.

A grande dificuldade da comunidade surda é por certo a comunicação com a maioria dos ouvintes. Dessa forma, tudo o que se utiliza de sons é percebido de forma diferente pela pessoa com deficiência auditiva; além disso, a comunidade surda possui hábitos, costumes e necessidades diferentes daqueles dos ouvintes. Há toda uma cultura surda a ser considerada na elaboração de roteiros turísticos a esse público.

> OUVINTE É O TERMO UTILIZADO PELA COMUNIDADE SURDA PARA AS PESSOAS QUE NÃO POSSUEM DEFICIÊNCIA AUDITIVA, OU SEJA, QUE OUVEM. PARA COMPREENDER UM POUCO MAIS DOS FUNDAMENTOS DA COMUNICAÇÃO, VER O CAPÍTULO "PSICOLOGIA E COMUNICAÇÃO", EM *GUIA DE TURISMO: O PROFISSIONAL E A PROFISSÃO* (CHIMENTI; TAVARES, 2007).

COMUNICAÇÃO

Roteiros turísticos elaborados para pessoas com deficiência auditiva devem levar em conta toda a cultura alternativa entre ouvintes e não ouvintes; a dificuldade de comunicação entre ambos e as opções de atrativos e serviços que privilegiem os outros sentidos que não a audição. Um dos erros cometidos é simplesmente substituir a comunicação verbal pela escrita, visto que, como comentado anteriormente, grande parte dos surdos não é alfabetizada em português ou na língua oral de seu país. Dessa forma, de nada adianta mostrar uma placa com orientações escritas a um surdo, pois, muitas vezes, ele simplesmente não sabe o que ela significa!

> O TRAJETO EM SI DIFICILMENTE PRECISARÁ SER ALTERADO, ENTRETANTO SERÁ NECESSÁRIA ATENÇÃO NA MANEIRA COMO AS INFORMAÇÕES SÃO PASSADAS AOS TURISTAS. UM GRUPO DE PESSOAS COM DEFICIÊNCIA AUDITIVA NÃO TEM CONDIÇÕES DE PRESTAR ATENÇÃO AO GUIA COM EXPLICAÇÕES NA LÍNGUA DE SINAIS OU AO INTÉRPRETE QUE TRABALHE EM CONJUNTO COM O GUIA AO MESMO TEMPO QUE OLHA PARA O ATRATIVO QUE ESTÁ PASSANDO AO LADO DO VEÍCULO EM MOVIMENTO. E, OBVIAMENTE, NÃO CONSEGUE UTILIZAR SERVIÇOS DE AUDIOGUIAS.

É necessário pensar em roteiros que possuam diversas opções de local de parada durante o percurso, de modo que seja possível passar as informações de maneira tranquila e só posteriormente o turista possa admirar o atrativo ou a paisagem. Essa alternância é fundamental para o sucesso do roteiro e o bem-estar dos passageiros.

Em caso de grupos de surdos, é sempre possível que alguns possuam o domínio da leitura labial. Dessa forma, deve-se tomar também cuidado ao transmitir as informações sempre de frente para as pessoas e sem nenhum obstáculo entre a boca do guia e os olhos dos participantes, como microfones. Ainda assim, em decorrência das dificuldades de compreensão da língua verbal ou escrita, pode ser que não entendam o que é transmitido.

A comunicação na via contrária, ou seja, do surdo para o ouvinte, é igualmente complicada caso ambos não dominem a língua de sinais. Por isso, justifica-se a necessidade de acompanhamento e apoio de um guia intérprete por todo o percurso.

Em um mundo ideal, para a completa integração entre surdos e ouvintes, além de os ouvintes dominarem a língua de sinais, seria importantíssimo que as informações em placas e folhetos considerassem a comunidade surda e fossem transmitidas de forma visual, ou seja, por meio de imagens e símbolos.

PESSOAS COM DEFICIÊNCIA VISUAL

Assim como a deficiência auditiva, a deficiência visual não é homogênea. A cegueira ou amaurose caracteriza-se pela perda completa da visão, que pode ser de nascença ou não. Existe ainda a visão subnormal ou baixa visão, quando o indivíduo possui comprometimento das funções visuais em cerca de 20% da visão considerada normal, mesmo com o uso de órteses ou próteses. A baixa visão também pode ter diversas características, como visão tubular, periférica, ou percepção luminosa. Assim como ocorre com a PcD auditiva, pessoas que nunca enxergaram têm referências diferentes daquelas que perderam a visão ao longo da vida.

Talvez uma das deficiências mais difíceis de trabalhar no turismo seja a visual. A atividade turística é muito centrada na visão. Desde a propaganda dos destinos aos serviços oferecidos, todos exploram esse sentido. Existem técnicas para a atuação com o turista cego ou com baixa visão, mas a questão é que praticamente todos os produtos turísticos são formatados e divulgados para pessoas sem nenhum problema visual.

Como as atrações das viagens tradicionais são essencialmente visuais, pessoas com essa deficiência têm bastante dificuldade em aproveitá-las na íntegra. Por essas razões, esses roteiros devem, sempre que possível, utilizar-se de outros aspectos sensoriais dos atrativos e locais visitados. As pessoas cegas possuem seus outros sentidos bem aguçados, então conseguem perceber melhor diversas características locais que quem é vidente não nota.

Quanto às adaptações, os principais itens que se devem levar em conta são as questões de trajeto, segurança, acompanhamento e informação.

> VIDENTE É O TERMO UTILIZADO PELA COMUNIDADE CEGA PARA IDENTIFICAR AS PESSOAS QUE ENXERGAM.

TRAJETO E SEGURANÇA

O trajeto deve ser pensado de modo que promova total segurança das pessoas com deficiência visual, com a circulação sendo feita em pisos lisos e em bom estado. Devem-se evitar locais com desníveis ou degraus, estruturas soltas, buracos etc. Ou seja, o local deve ser o mais linear e livre de obstáculos possível e dispor do piso referencial podotátil.⁽¹³⁾

Como um dos principais sentidos da PcD visual é a audição, esta é amplamente utilizada no auxílio da locomoção e da localização; deve-se evitar circular em locais com som alto e muito barulhentos, pois podem desorientar a pessoa com deficiência.

⁽¹³⁾ PISO REFERENCIAL TÁTIL OU PODOTÁTIL É FEITO EM MATERIAL ANTIDERRAPANTE E COMPOSTO DE PLACAS EM CORES E TEXTURA DIFERENTES DO SOLO EM QUE SE ENCONTRA; PODE SER DIRECIONAL, COMPOSTO DE SEGMENTOS DE RETA PARALELOS, OU DE ALERTA, COM PEQUENOS CÍRCULOS. O PISO, EM RELEVO, ORIENTA AS PCD VISUAIS SOBRE A DIREÇÃO A SEGUIR OU SOBRE MOMENTOS DE ATENÇÃO, COMO ESCADAS, DESNÍVEIS, PORTAS ETC.

ACOMPANHAMENTO

Via de regra, a PcD visual costuma viajar acompanhada. Em um ambiente conhecido e controlado, a pessoa com deficiência não necessita de acompanhamento constante e pode levar uma vida autônoma, entretanto durante uma viagem, em que todo o espaço é novo e desconhecido, esse acompanhamento torna-se recomendável e até necessário para evitar acidentes. Esse acompanhamento pode ser feito por um parente, um amigo ou um profissional para auxílio no trajeto, para situações de atenção ou mesmo para descrições diversas, como de ambientes, de objetos etc. O ideal é que essa pessoa seja alguém que esteja acostumado com PcD visual e saiba em quais situações deverá "ser os olhos" da pessoa cega, informando-a sobre o trajeto e os obstáculos, prevendo situações de risco, descrevendo algo interessante ou importante, preferivelmente fazendo a audiodescrição (AD). Podem-se prever roteiros com o acompanhamento profissional de forma individualizada ou para grupos pequenos.

Apesar de remota, há a possibilidade de a pessoa cega estar acompanhada de seu cão-guia, o qual é treinado para identificar o movimento do trânsito, desviar de buracos e obstáculos, encontrar saídas, localizar escadas e várias outras atividades que muito facilitam a vida da PcD visual. Dessa forma, em tese não deve haver problemas, seja quanto à hospedagem, seja em relação ao acesso a atrativos e outros ambientes coletivos (de uso público ou privado), uma vez que a presença do cão-guia é permitida por lei.

INFORMAÇÃO

A informação prestada à PcD visual é completamente diferente da prestada a videntes, pois não existe referência visual. Atualmente, existem algumas tecnologias assistivas (TAs)[19] que propiciam grande auxílio no acompanhamento de grupos com deficiências. Por incrível que possa parecer, para um guia (desde que devidamente treinado em audiodescrição e acompanhamento de deficientes visuais) pode ser mais fácil transmitir informações a um grupo de PcD visuais caso possua as tecnologias corretas do que para um grupo de pessoas sem deficiência sem o uso de tecnologias.

Existem hoje dispositivos de comunicação utilizados pelas agências de turismo que permitem que o guia se comunique com seus turistas por intermédio de um microfone diretamente acoplado a um fone de ouvido individual. Dessa forma, é possível fazer uma descrição bastante detalhada dos locais e dos atrativos visitados.

[19] PRODUTOS, RECURSOS, METODOLOGIAS, ESTRATÉGIAS, PRÁTICAS E SERVIÇOS COM O INTUITO DE PROMOVER A FUNCIONALIDADE (RELATIVA A ATIVIDADE E PARTICIPAÇÃO) DE PESSOAS COM DEFICIÊNCIAS, INCAPACIDADES OU MOBILIDADE REDUZIDA.

> A TÉCNICA DE AUDIODESCRIÇÃO DEVE SER UTILIZADA NÃO SÓ NOS ATRATIVOS COMO TAMBÉM DOS VEÍCULOS, PARA APRESENTAR TODOS OS ASPECTOS RELEVANTES DO PERCURSO. MAS A ESCOLHA DO MOMENTO DE AUDIODESCREVER DEVE SER CRITERIOSA, UMA VEZ QUE NORMALMENTE A AD LEVA MAIS TEMPO DO QUE UMA BREVE DESCRIÇÃO NORMAL.

ATRAÇÕES SENSORIAIS

Os roteiros para pessoas com deficiência visual devem priorizar as atrações sensoriais, ou seja, que explorem os outros sentidos: tato, audição e olfato. E, também, outras questões sensoriais que envolvam um pouco de (ou muita!) adrenalina.

Uma das maneiras de pessoas com deficiência visual enxergarem consiste em usar as mãos e utilizar outros sentidos, então é interessante levá-las a exposições em que seja possível tocar obras de arte ou maquetes táteis; a mercados ou restaurantes nos quais possam fazer degustações com diferentes sabores, bem como sentir o aroma de flores e temperos; a fazendas e sítios onde participem da colheita de frutas ou tenham contato com alguns animais; a parques, para realizar esportes radicais; à praia, para um banho de mar; a uma caminhada por uma trilha fácil, chegando a uma cachoeira.

PESSOAS COM DEFICIÊNCIA INTELECTUAL

A deficiência intelectual varia de maneira muito intensa de um a outro indivíduo. Pessoas com DI dificilmente viajam sozinhas, e geralmente os roteiros para esse público são solicitados por instituições a grupos específicos. Assim, é importante saber o grau de comprometimento e as expectativas quanto à participação dos integrantes do grupo. De maneira geral, o foco desse tipo de roteiro é nas sensações que podem ser provocadas. Os principais cuidados se relacionam com os objetivos do roteiro, a segurança, o acompanhamento e as características do acompanhante.

OBJETIVOS

Normalmente, os roteiros elaborados para públicos com DI são feitos sob medida e por solicitação de escolas, associações ou famílias com membros nessas condições. Nesses casos, sugere-se que o roteirista seja muito claro com os solicitantes, a fim de entender quais são os objetivos, que podem ser permitir um tempo de descanso aos cuidadores e familiares, proporcionar uma experiência enriquecedora aos membros com DI ou possibilitar uma oportunidade de aproximação familiar entre seus entes, por exemplo. Os roteiros podem ser completamente diferentes (ou mesmo opostos) dependendo dos objetivos desejados.

SEGURANÇA

Os cuidados com esse tema são bastante importantes, visto que algumas pessoas com DI não têm muita noção de procedimentos relativos a segurança, principalmente em ambientes novos, diferentes de seu entorno habitual. O ideal é ter os mesmos cuidados e procedimentos de segurança que seriam tomados em caso de roteiros que envolvessem crianças pequenas.

ACOMPANHAMENTO

O acompanhamento também depende muito do que está sendo pensado como o objetivo do roteiro. Se o objetivo for promover descanso aos familiares, será muito importante a presença de ao menos um cuidador por turista com DI (ou até mesmo dois, caso haja pernoite e dependendo da gravidade da DI), a fim de que a família possa realmente descansar.

Se o objetivo do roteiro for uma oportunidade de aproximação familiar, talvez o ideal seja não levar nenhum cuidador e dividir as obrigações entre os membros da família.

GUIA ACOMPANHANTE

Pessoas com deficiência intelectual podem ser de fácil trato, mas muitas vezes são imprevisíveis. Assim, é importante que o guia acompanhante tenha paciência e, preferencialmente, experiência com esse público. O recurso da audiodescrição também é bem aproveitado por pessoas com DI, portanto, se o guia acompanhante possuir essa competência, melhor.

ETNIA/ LOCAL DE ORIGEM

Por etnia pode-se considerar um grupo de indivíduos que possuam certa uniformidade cultural; que, em geral, partilhem tradições, conhecimentos, técnicas, interesses, habilidades, língua, comportamentos, valores e padrões culturais. A maioria das teorias de marketing menciona etnia como uma das características importantes a serem verificadas na definição do público-alvo de um produto.

Não estamos falando sobre cor de pele, e não se deve confundir definição de etnia e avaliação de suas características com questões de preconceito ou juízo de valor. Em nenhum momento estamos afirmando que uma ou outra etnia seja melhor ou pior que outra, mas que pessoas oriundas de determinados localidades/regiões/ países diferentes (sejam nativas ou migrantes/residentes por um longo período) possuem características comuns entre si e que, quando bem observadas pelo planejador, podem constituir um importante fator para a criação de um produto de alta qualidade e que satisfaça seus consumidores.

A etnia ou o local de origem do turista fornece informações importantes para o roteirista na elaboração de um produto. A escolha dos atrativos, a temática do roteiro, os horários de início e término, os locais de parada e o tipo de alimentação, entre outros aspectos, têm muito vínculo com as características da etnia ou do local de origem dos clientes.

Essas particularidades, no entanto, só são consideradas na elaboração de roteiros quando os grupos são específicos, e os roteiros, exclusivos. Caso contrário, as operadoras que atuam com públicos internacionais tendem a trabalhar com características comuns, que se adaptam a qualquer público de um modo geral. O que muitas vezes é feito para facilitar o trabalho dos guias e das agências receptivas é a separação por etnia/local de origem na chegada dos grupos ao destino.

Essa separação pode alterar algum conteúdo da programação ou algum de seus aspectos operacionais dependendo das características do grupo, como a indicação de guias, de restaurantes, de hotéis e até horários de atendimentos (que podem ser diferenciados). Como exemplo, podemos citar grupos de japoneses, que têm entre seus costumes a formalidade e a pontualidade; roteiros para esse público tendem a ser mais formais e com rígidos horários a serem cumpridos, além de incluir alimentação para seu paladar (por exemplo, com produtos marinhos).

AFINIDADE DE GOSTOS E INTERESSES/TEMÁTICA

Assim como faixa etária, sexo/gênero, etnia e outras características do público-alvo, a afinidade de gostos e interesses é fundamental para a escolha e a definição dos locais a serem visitados. A organização dos roteiros pode ser "genérica" ou temática.

Por roteiros "genéricos" podemos considerar aqueles que oferecem, em um mesmo itinerário, grande diversidade de atrativos locais, atingindo assim públicos com interesses diversos. Normalmente, esses roteiros possuem a intenção de oferecer um panorama amplo da localidade visitada. Apesar de esse tipo de roteiro ser, de maneira geral, mais fácil de organizar (pois é possível optar pela disposição espacial dos atrativos como um elemento de escolha destes), deve ser usado somente quando se pretende realmente oferecer a visão geral da localidade (por exemplo, city tours ou circuitos básicos). Caso contrário, obtém-se apenas uma satisfação mediana dos turistas, uma vez que todos visitarão locais que são de seu gosto, mas, também, locais pelos quais não têm nenhuma atração e interesse em especial.

Quanto à escolha da temática dos itinerários, o setor turístico tem se mostrado cada vez mais criativo. Atualmente, existem no mercado diversas opções de roteiros: desde roteiros gastronômicos, de doces, de cerveja, de vinhos, de cachaça, a roteiros arqueológicos, históricos, culturais, arquitetônicos, de monumentos, de arte urbana, de cinema, infantis, pedagógicos, de estudo, de poesia, de guerra, de terror, de caça, de observação de animais, de voluntariado, eróticos, espiritualistas, esotéricos, medievais, religiosos, de compras, de luxo, de natureza, de praias, de aventura, de lazer, de mergulho, de futebol... Enfim, existem ou podem ser elaborados roteiros com temas para praticamente todos os gostos e interesses!

> MESMO SENDO UM POUCO MAIS DIFÍCIL DE SEREM ORGANIZADOS E COMERCIALIZADOS, OS ROTEIROS TEMÁTICOS CONSEGUEM OBTER MAIOR SATISFAÇÃO DOS TURISTAS DURANTE SUA REALIZAÇÃO. É DE EXTREMA IMPORTÂNCIA QUE ESSES ROTEIROS SEJAM CLARAMENTE IDENTIFICADOS PARA O PÚBLICO CONSUMIDOR, TANTO NO QUE DIZ RESPEITO AO ITINERÁRIO COMO EM RELAÇÃO AOS LOCAIS VISITADOS E ÀS ATIVIDADES PROPOSTAS, PARA QUE O CLIENTE POSSA CHECAR SE SÃO REALMENTE DE SEU INTERESSE.

Identificar as preferências do público consumidor às cegas pode ser um risco. Comercializar no mercado aberto roteiros com temáticas específicas requer uma detalhada pesquisa de mercado e de tendências, além de um profundo conhecimento das características da demanda. Geralmente, as empresas iniciam a comercialização desse tipo de produto trabalhando com a elaboração de roteiros encomendados, para públicos específicos, mas cujas preferências já são conhecidas.

Após a realização desses roteiros-piloto, o produto deve ser lapidado até transformar-se em um produto apto para livre comercialização.

Alguns roteiros temáticos já são grande sucesso de público, como alguns de ordem gastronômica que contemplam a visitação a regiões vinícolas e cervejeiras (com degustação de produtos). Como exemplo, há os roteiros pelas vinícolas de Bento Gonçalves, no Rio Grande do Sul, os roteiros trapistas, que visitam mosteiros na Bélgica e exploram esse tipo de cerveja, e outros que exploram regiões ricas em aspectos históricos e elementos arquitetônicos (como os roteiros religiosos a Jerusalém/Israel e os roteiros às cidades históricas de Minas Gerais, entre tantos outros).

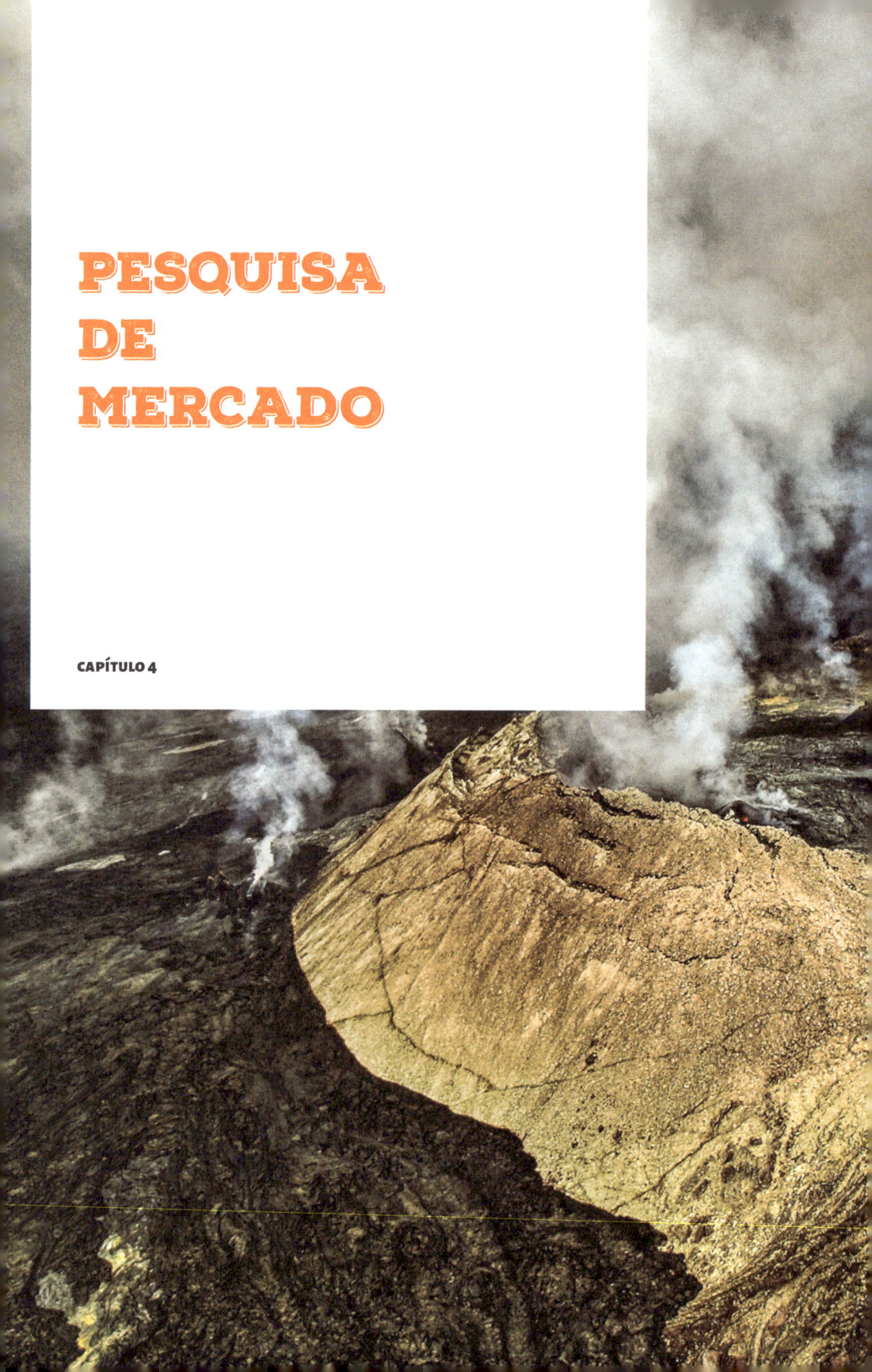

PESQUISA DE MERCADO

CAPÍTULO 4

VULCÃO KILAUEA, HAWAI'I VOLCANOES NATIONAL PARK (ESTADOS UNIDOS).

No turismo, uma pesquisa de mercado cumpre duas importantes funções:

- confirmar a ideia de que determinada demanda potencial existe, que pode ser transformada em demanda real e que os objetivos propostos em um novo produto são viáveis;
- identificar oportunidades, novas frentes de trabalho, novas demandas e novas tendências.

Operadoras e agências já consolidadas no mercado costumam ter uma linha de trabalho, um público-alvo já definido. Ainda assim, é interessante que realizem uma pesquisa de mercado antes da elaboração e do lançamento de qualquer novo produto.

Segundo Kotler (1995, p. 235), uma empresa que pretende atuar em um mercado amplo reconhece que normalmente não consegue atender a todos os consumidores dele, pois estes "são bastante numerosos, dispersos e diversificados em termos de exigências de compra. (...) A empresa, em vez de competir em todos os lugares, precisa identificar os segmentos de mercado mais atraentes, que possa atender eficazmente".

Ainda de acordo com Kotler (2000, p. 108), o macroambiente é formado por forças demográficas, econômicas, físicas, tecnológicas, político-legais e socioculturais que impactam suas vendas e seus lucros. "Uma parte importante da coleta de informações ambientais inclui a avaliação do potencial de mercado e a previsão da demanda futura", afirma.

Por meio dessas pesquisas, também é possível conhecer melhor os aspectos qualitativos e quantitativos do público-alvo, bem como entender e reconhecer os pontos fortes e fracos da concorrência, seus produtos e as linhas de atuação. Dependendo do objetivo da pesquisa, é possível também ajudar a definir o preço do produto que se pretende lançar no mercado.

> A PESQUISA DE MERCADO PODE SER APLICADA TANTO NO POLO EMISSOR COMO NO RECEPTOR, DEPENDENDO DO PRODUTO A SER ELABORADO OU DA CARACTERÍSTICA DO RESPONSÁVEL PELO DESENVOLVIMENTO DO PRODUTO. PODE SER RESTRITA A UMA ÁREA OU DEMANDA, OU TER UMA AMPLITUDE MAIOR, COMO TODA UMA REGIÃO OU TODOS OS CLIENTES DE UMA EMPRESA.

Pesquisas de larga escala geralmente são aplicadas por empresas especializadas em pesquisa e estatísticas, sob solicitação e contratação de órgãos governamentais, como secretarias, conselhos ou mesmo o Ministério do Turismo. Seus objetivos são de cunho público, para o planejamento turístico, urbanístico, ambiental, sociocultural ou econômico de uma região. Os resultados servem também de base de dados para as operadoras e agências realizarem seu planejamento interno, bem como o estudo e o lançamento de produtos em conformidade com as diretrizes governamentais.

Pesquisas em menor escala usualmente têm objetivos comerciais e atendem às empresas que visam atingir públicos específicos em suas necessidades e vontades. Podem ser elaboradas e aplicadas por empresa especializada ou pelo próprio setor de marketing da empresa solicitante, dependendo da amplitude e da verba disponível para sua realização. Pesquisas de mercado não são exatamente baratas, mas, se bem executadas, geram muito retorno, e a relação custo/benefício é visivelmente benéfica.

De maneira geral, são aplicados questionários com questões fechadas de múltipla escolha, pois esse tipo de questão permite tabulação e codificação posterior mais fácil, rápida e objetiva. Muito embora as pesquisas de mercado tenham caráter quantitativo, em alguns casos, quando da elaboração inicial do percurso, podem ser realizadas entrevistas qualitativas com alguns personagens específicos, visando obter maior qualidade nas respostas referentes a cada um dos aspectos abordados.

Pesquisas de demanda precisam levar em conta algumas nuances que algumas vezes passam despercebidas pelos órgãos elaboradores/aplicadores. Seguem algumas orientações para a montagem de suas pesquisas.

ORIENTAÇÕES QUANTO AO ESCOPO

- **Tenha um objetivo bem definido na aplicação de seu questionário.** A pesquisa só trará resultados se for conduzida com uma ideia muito clara do que se quer descobrir. E é importante que as pessoas que participam da pesquisa também saibam qual é esse objetivo.

- **Defina a quem será direcionado o questionário.** Um questionário aplicado a agentes de viagens e hoteleiros deverá ser diferente daquele aplicado diretamente a turistas, mesmo que seja sobre a criação do mesmo roteiro. A linguagem e os termos escolhidos na elaboração, assim como a abordagem, devem ser distintos conforme o público.

ORIENTAÇÕES QUANTO ÀS PERGUNTAS

- **Use linguagem clara.** Perguntas complexas, vagas, longas e confusas não trazem respostas objetivas. Use questões preferencialmente curtas, com linguagem direta. E, obviamente, lógicas, consistentes e estatisticamente viáveis.

- **Formule perguntas de acordo com o que precisa descobrir.** Não tente resolver todas as questões de uma só vez com pesquisas longas, cansativas e com vários objetivos. Caso surjam mais hipóteses depois da primeira tabulação, aplique outros questionários.

- **Não faça perguntas duplas.** Esse tipo de pergunta não permite uma tabulação confiável. Perguntas duplas são aquelas que abordam mais de um assunto, mas permitem que o entrevistado dê apenas uma resposta. Por exemplo: "Você acredita que existe mercado para este roteiro e que as vendas serão boas?". Use uma pergunta para cada informação: "Você acredita que existe mercado para este roteiro?"; "Você acredita que as vendas serão boas?".

- **Use dados quantitativos nas perguntas, evitando interpretações pessoais.** Conceitos como curta e longa duração, logo cedo ou mais tarde, por exemplo, são muito individuais. Nas questões, o melhor é definir a quantidade de dias e os horários. O ideal seria perguntar: "Para este roteiro rodoviário, qual a duração que você considera melhor? a) Entre 4 a 5 dias; b) De 6 a 9 dias; c) De 10 a 12 dias; d) De 13 a 15 dias". "Qual o melhor horário?"

- **Evite sugerir as respostas.** As questões devem ser elaboradas de modo que não sejam sugestivas e tendenciosas. Se você fizer uma afirmação prévia, naturalmente mostrará ao interlocutor o que espera dele. Por exemplo: "Você gostaria de realizar um passeio com lindas paisagens?". Nessa situação, fica claro que quem pergunta está esperando uma resposta positiva; portanto, quem diria não a essa pergunta?

O quadro 4.1 apresenta sugestões para evitar perguntas que podem prejudicar a efetividade da pesquisa.

Quadro 4.1
Exemplos de ajuste para questões tendenciosas, duplas e inespecíficas.

Perguntas problemáticas	Alternativas mais eficazes
Tendenciosa e inespecífica: "Você se sente bem em roteiros de longa duração?".	"Como você se sente em roteiros com mais de 10 dias?"
Tendenciosa e dupla: "Você se incomoda em participar de roteiros em ônibus que saiam logo cedo?".	"Como você se sente participando de roteiros em ônibus?" "Se você pudesse escolher, qual seria o melhor horário para iniciar os passeios deste roteiro?"
Tendenciosa: "Você gosta de atrativos históricos?".	"Quais são os tipos de atrativos que você mais gosta de visitar?"

ORIENTAÇÕES QUANTO ÀS RESPOSTAS

- **Monte um questionário rápido.** Além de rápido, o questionário deve ser facilmente respondido. Preferencialmente, o tempo de resposta não deve exceder 5 minutos.

- **Dê preferência pelo uso de escalas já consolidadas.** Exemplos são as escalas numéricas e a Likert (tipo de escala psicométrica que mede o grau de concordância a determinada afirmação). O formato típico de um item Likert é:

    1 DISCORDO TOTALMENTE;
    2 DISCORDO PARCIALMENTE;
    3 INDIFERENTE;
    4 CONCORDO PARCIALMENTE;
    5 CONCORDO TOTALMENTE.

- **Quando possível, não coloque perguntas cujas respostas sejam do tipo "sim" ou "não".** Essas respostas, chamadas de binárias, devem ser evitadas, exceto obviamente quando forem essenciais para a pergunta. Dê opções de respostas variadas, mas não em excesso. Embora precise haver alternativas intermediárias, pois normalmente as pessoas possuem opiniões mais variadas do que "Sim"/"Não" e "Sempre"/"Nunca", não dê opções demais, pois causam confusão no entrevistado. Apresente sempre opções em número ímpar, sendo uma neutra. Cinco opções são suficientes em cada caso.

- **Seja honesto nas opções de resposta.** Ao elencar as opções, para obter um resultado honesto, seja assim também nas alternativas de resposta. Caso haja cinco alternativas, duas devem ser negativas; duas, positivas, e uma, neutra. Se for tendencioso nas opções de respostas, suas avaliações serão também assim. Por exemplo, veja estas opções: "Ruim"/"Regular"/"Bom"/"Ótimo"/"Excelente". Parecem adequadas, mas temos três opções boas, uma neutra e apenas uma ruim. No entanto, qualquer resultado que aparecer já estará contaminado, pois as alternativas não permitem um equilíbrio. O questionário pode ser realizado também com questões abertas, entretanto tenha em mente que a tabulação é bem mais complexa nesse caso.

INFORMAÇÕES COMPLEMENTARES

- **Tenha atenção com questões constrangedoras.** O formato utilizado pelo questionário deve considerar que as questões precisam ser aplicadas de modo a não constranger o entrevistado. Em alguns casos, para a obtenção de um resultado efetivo (honesto), a melhor opção às vezes é um questionário anônimo.

- **Considere os meios eletrônicos.** Dificilmente um entrevistado sente-se à vontade para preencher com honestidade um questionário de avaliação de serviços quando deve entregá-lo diretamente para a pessoa cujo serviço está sob julgamento. Para obter respostas honestas, o questionário pode ser aplicado posteriormente, de maneira eletrônica ou por telefone.

- **Faça sempre um pré-teste antes de ir a público.** Solicite que algumas pessoas conhecidas, porém não envolvidas no processo de elaboração do questionário, respondam-no. Verifique as dificuldades que se apresentam e altere o que for necessário.

- **Aplique a pesquisa em um momento adequado.** O questionário precisa ser aplicado em um momento de tranquilidade para o respondente, em que a pessoa entrevistada não esteja com pressa. Caso seja uma pesquisa realizada na rua, pode-se optar por um ponto de ônibus, uma banca de jornal, uma vitrine de loja, mas nunca interromper bruscamente o caminhar das pessoas.

- **Tabule os dados com a mente aberta.** Caso necessário, utilize *softwares* específicos. Os resultados podem não ser aqueles que você esperava, entretanto, se a pesquisa foi realizada de maneira criteriosa, serão resultados confiáveis e devem ser acolhidos e analisados com respeito. Utilize os dados obtidos para embasar a elaboração de seu produto/roteiro.

QUESTÕES ESTRUTURAIS, ESCOLHA DOS LOCAIS E ASPECTOS CLIMÁTICOS

CAPÍTULO 5

ESTÁTUA DE BUDA (PEDRA ESCULPIDA) EM BOROBUDUR, O MAIOR TEMPLO BUDISTA DO MUNDO, NA ILHA DE JAVA (INDONÉSIA).

O OBJETIVO DO PRODUTO

Ao iniciar os preparativos para a elaboração de um roteiro turístico, a primeira ação de um roteirista deve ser definir claramente qual ou quais os objetivos do produto. Embora seja evidente que o pilar de qualquer roteiro deva ser a finalidade para a qual está sendo criado, muitos profissionais ainda desconsideram esse importante fator, colocando em risco o sucesso do projeto.

Muitas vezes, o objetivo não está claro nem ao próprio roteirista!

Ao não ter um objetivo bem definido na confecção de um itinerário ou ao misturar diversos objetivos incompatíveis, o roteirista, em vez de ampliar o leque de pessoas atendidas por seu produto, corre o risco de fazê-lo parecer uma "colcha de retalhos", que acaba por não agradar a ninguém.

Parece óbvio dizer que um roteiro histórico deve prever e priorizar atrativos de interesse histórico, que um roteiro de compras deve dar prioridade a estabelecimentos comerciais relevantes e que um city tour deve permitir uma visão abrangente da cidade visitada. Entretanto, no mercado turístico é absolutamente comum encontrar tours de compras disfarçados de city tours, city tours disfarçados de roteiros históricos, e passeios que são uma verdadeira miscelânea de atrações que não agradam nem a quem quer conhecer a localidade, nem a quem quer fazer compras e muito menos a quem quer conhecer mais a fundo a história da comunidade local.

Em princípio, essa atitude pode parecer esperta, mas certamente vai ser malvista pelos turistas, que, em vez de poderem aproveitar o que o roteiro e a localidade têm a oferecer, sentem-se enganados e retraem-se em suas visitações posteriores (e, consequentemente, em seu consumo posterior).

Um roteiro que seja bem organizado obviamente possui vários objetivos menores e interligados que estão ao mesmo tempo inseridos em um objetivo principal, maior e mais importante. É necessário que o foco principal, no entanto, seja mantido para existir coerência na proposta apresentada.

A montagem e a oferta de roteiros turísticos podem ter objetivos diversos, sendo alguns dos mais comuns:

- permitir uma visão abrangente e organizada da cidade, da região ou do atrativo visitados;
- aumentar a receita gerada pelos turistas, por meio do:
  - aumento da taxa de visitação a atrativos e equipamentos turísticos com baixo poder de atratividade, bem como a locais distantes ou de difícil acesso;
  - aumento da oferta de atividades (animação turística);
  - aumento do tempo de permanência dos turistas no local;
- reforçar a imagem positiva da localidade como polo receptivo;
- promover o aumento da satisfação do turista durante sua permanência, proporcionando mais opções de lazer e entretenimento;
- oferecer transporte e orientação aos turistas para a realização de compras ou a participação em espetáculos, shows e outros eventos;
- oferecer transporte e segurança para os turistas desfrutarem da estrutura turística em locais com pouca mobilidade urbana ou com problemas relativos à segurança pública;
- mostrar e estudar o desenvolvimento histórico, arquitetônico ou social de uma localidade;
- orientar, controlar ou até mesmo restringir a visitação a atrativos e ambientes que possuam capacidade de carga controlada (normalmente, atrativos naturais ou estruturas frágeis em decorrência da ação do tempo);
- treinar e motivar equipes;
- apresentar técnicas de produção e linhas de montagem;
- permitir maior contato social e troca de experiências entre os turistas e a comunidade local;

- permitir a visitação aos principais atrativos turísticos para públicos de línguas nativas muito diferentes do idioma falado na localidade visitada (português/japonês – árabe/espanhol – grego/inglês), melhorando sua experiência no destino.

É possível perceber que alguns dos objetivos citados são característicos de roteiros elaborados por órgãos públicos de fomento ao turismo, enquanto outros são mais característicos de roteiros elaborados por empresas privadas, como operadoras e agências de viagens. Alguns objetivos ainda podem ser típicos de roteiros de iniciativa dos próprios atrativos ou de uma associação deles. Isso é absolutamente normal e não há nenhum incoerência. Como já foi visto, são várias as entidades que podem organizar os roteiros. Cada uma delas tem seu ponto de vista sobre os itinerários ofertados e pode possuir objetivos distintos para tais ofertas.

O objetivo do roteiro está intimamente ligado a quem o propõe e o operacionaliza, mas, para que o produto tenha sucesso em longo prazo e não impacte a comunidade receptora, é importante ressaltar que, independentemente do(s) objetivo(s) definido(s), ele(s) precisa(m) estar em consonância com as diretrizes da localidade, com os planejamentos urbano e turístico previstos em planos diretores ou de desenvolvimento turístico regional e mesmo com as vontades e necessidades da(s) comunidade(s) envolvida(s).

Caso o roteiro proposto vá, de alguma forma, impactar o meio ambiente (natural ou urbano) ou a cultura local, é prudente avaliá-lo com as autoridades competentes antes de implantá-lo comercialmente, a fim de evitar problemas futuros. Por exemplo, de nada adianta propor um roteiro para visitação a um aldeamento indígena idealizando promover melhores condições de vida a essa comunidade, se seus membros tiverem uma ideia diametralmente oposta e não quiserem contato com outras culturas.

Outro ponto importante a ser observado é que o "objetivo" de um roteiro não deve ser somente o lucro que será obtido com sua comercialização. O lucro, obviamente, é de fundamental importância para a sobrevivência da empresa e deve ser um objetivo de quem o comercializa, mas não é o objetivo do roteiro em si. O "produto roteiro" precisa possuir um objetivo que dê significância a ele por si só.

Mesmo em operadoras que trabalham com um nicho de mercado específico, cada roteiro possui um objetivo principal e alguns secundários. O objetivo dos roteiros não pode ser somente atender a esse nicho de mercado satisfatoriamente em suas necessidades; é preciso que tenham uma finalidade própria.

Vejamos o exemplo de agências/operadoras que só trabalham com crianças e jovens, viagens de formatura ou estudos. Se o objetivo da escola é permitir o estudo do meio, este deve ser o objetivo do roteiro, enquanto os objetivos secundários podem ser, entre outros: promover a integração entre alunos e professores; promover a interdisciplinaridade de conteúdos (definir claramente quais as disciplinas); desenvolver a autonomia dos alunos em uma viagem segura. No entanto, é importante frisar que, se o objetivo principal não for alcançado, a viagem perderá o sentido e certamente não terá sido satisfatória.

A ESCOLHA DOS ATRATIVOS

Após estabelecer o objetivo do roteiro, é preciso pensar nos atrativos que o comporão e que sejam capazes de fazer o produto cumprir seu propósito.

Embora os locais de visitação sejam a primeira pergunta que um turista faz sobre o roteiro da viagem, a definição dos locais normalmente não é o primeiro passo da elaboração de um itinerário, como vimos, a não ser que a escolha deste ou daquele atrativo seja o objetivo da elaboração do roteiro em si.

De um modo geral, os objetivos e as características do público-alvo definem os atrativos a serem escolhidos e os locais a serem descartados, afinal alguns locais podem ser absolutamente interessantes para o público X e completamente dispensáveis para o público Y. Mesmo que esses atrativos sejam a Torre Eiffel, a Estátua da Liberdade ou a Grande Muralha da China!

> HÁ ATRATIVOS PARA TODO E QUALQUER TIPO DE PÚBLICO. O ROTEIRISTA PRECISA SE DESPIR DE SEUS PRECONCEITOS E PREFERÊNCIAS PARA COMPREENDER O QUE PODE SER INTERESSANTE A ESTE OU ÀQUELE PÚBLICO-ALVO, E NÃO A SI PRÓPRIO.

No turismo, praticamente qualquer item pode ser trabalhado para ser um atrativo: um muro, uma ponte, um castelo, uma praça, um parque, uma praia, um submarino, uma dança, um ritual, um cheiro… qualquer coisa mesmo. Esses locais somente precisam de algumas adequações ou estruturas para poder receber os turistas, se assim quiserem fazer.

Nas grandes cidades, existem bairros inteiros que foram trabalhados no imaginário popular para ser atrativo turístico. Podemos citar Chinatown (Manhattan, Nova York, Estados Unidos), Favelas do Rio de Janeiro (Brasil), Hollywood (Los Angeles, Califórnia, Estados Unidos). Existem ruas e avenidas que foram trabalhadas para se tornarem atrativo turístico, como o Caminito (Buenos Aires, Argentina), a Champs-Élysées (Paris, França), a avenida Copacabana (Rio de Janeiro, Brasil), a avenida Paulista (São Paulo, Brasil), a Fifth Avenue (Manhattan, Nova York, Estados Unidos).

CATEGORIAS DE ATRATIVOS

Os atrativos podem ser categorizados como naturais, artificiais e socioculturais, como detalha o quadro 5.1.

QUADRO 5.1
Categorias de atrativos.

Categoria	Característica	Exemplos
Naturais	A natureza é o fator que mais atrai, e a presença do homem não produziu estruturas em quantidade suficiente para alterar de modo significativo o meio ambiente. As estruturas humanas, quando existentes, são em pequena quantidade e estão basicamente vinculadas a condições mínimas de visitação (transporte, acomodação, segurança, alimentação). Muitas vezes, essas estruturas são transitórias.	Praias, reservas naturais, cachoeiras, desertos, geleiras, montanhas, florestas, cavernas, entre outros.
Artificiais	Estruturas físicas construídas pelo homem, quer sejam marcas de civilizações antigas e históricas, quer sejam estruturas modernas. Costumam possuir melhores condições para o recebimento de turistas, seja por estarem em ambientes urbanos e já contarem com infraestrutura, seja por já terem sido pensados e construídos especificamente para a atividade turística.	Museus, torres, castelos, muralhas, centros de exposições, estátuas, parques temáticos, edifícios, monumentos, ruas, igrejas, casas, teatros, entre outros.
Socioculturais	Frutos da cultura de uma sociedade, de seus usos e costumes, de suas expressões artísticas e formas de vida. Embora atraiam os turistas, são intangíveis e, portanto, não possuem estruturas físicas para seu acolhimento. Quando incluídos nos roteiros, devem estar vinculados a alguma estrutura física de recebimento aos turistas.	Festas tradicionais e religiosas, música, dança, festivais religiosos, idioma local, entre outros.

ATRATIVOS ESTRUTURADOS E ATRATIVOS NÃO ESTRUTURADOS

Entende-se por atrativos estruturados aqueles locais já consolidados e que possuem estrutura adequada para seu uso com finalidade turística. Muitos desses locais já fazem parte do trade turístico, seja por vocação, seja por uso ou tradição.

Os atrativos não estruturados consistem naqueles que ainda não estão consolidados nem devidamente adaptados para o recebimento de turistas.

Precisamos deixar claro que nem todos os locais considerados atrativos e que estão incluídos em roteiros precisam estar estruturados para uma visitação. Isso ocorre porque muitas vezes os roteiros incluem locais de interesse somente em sua passagem e para visualizações externas, a fim de que o roteiro se torne mais rico,① como é o caso de grande parte dos edifícios e pontes e da maior parte dos monumentos e estátuas. Esses locais são incluídos nos passeios e os percursos simplesmente passam defronte a (ou sobre) eles, sem que sejam realizadas paradas e visitas propriamente ditas. Dessa forma, esses locais podem ser considerados atrativos, porém não precisam estar especificamente "estruturados" para visitação.②

A estrutura básica para visitação turística depende muito do tipo de atrativo e, obviamente, varia muito entre um e outro. A estrutura que se espera de uma praia é muito diferente da que se espera de um centro de exposições, por exemplo; aliás, mesmo as estruturas existentes e esperadas entre praias urbanas e praias "selvagens" também são bastante diferentes.

De uma praia urbana espera-se que já contenha um mínimo de estrutura necessária à visitação, ou seja, para ter alto grau de atratividade, deve ser ao mesmo tempo limpa, bonita, segura, com calçadão ou jardim para caminhada e prática de esportes, sanitários públicos em boas condições, estabelecimentos de alimentação, transporte público de fácil acesso, espaço para estacionamento e vias urbanas não congestionadas.

---

① A DEFINIÇÃO DE UMA POSSÍVEL PARADA PARA VISITAÇÃO AO LOCAL É FEITA DEPENDENDO DO INTERESSE E DAS CARACTERÍSTICAS DO PÚBLICO. PARA ALGUNS PÚBLICOS, DETERMINADO LOCAL MERECE SOMENTE UMA BREVE PASSAGEM COM O VEÍCULO, ENQUANTO PARA OUTRO PÚBLICO PODERÁ SER REALIZADA UMA VISITAÇÃO MAIS DETALHADA.

② A OPÇÃO SOBRE ESTRUTURAR OU NÃO O ENTORNO DE UM ATRATIVO É DE COMPETÊNCIA DA MUNICIPALIDADE E TEM RELAÇÃO COM O VOLUME DO FLUXO TURÍSTICO QUE ELE É CAPAZ DE ATRAIR. QUANTO MAIOR FOR A CIRCULAÇÃO DE PESSOAS A PÉ OU EM VEÍCULOS, MAIOR A NECESSIDADE DE ADAPTAÇÕES AO REDOR DO ATRATIVO PARA EVITAR ACIDENTES E CONGESTIONAMENTOS.

De uma praia "selvagem", para ter alto grau de atratividade, espera-se quase o oposto... que seja linda e limpa, mas possua alguma "restrição de visitação", como um acesso mais difícil a fim de controlar e diminuir o fluxo turístico (transporte público reduzido, poucas vias para chegar a ela etc.); que tenha pouca (ou nenhuma) estrutura humana, como sanitários públicos (químicos) e poucos locais rústicos de alimentação.

> AO REALIZAR O LEVANTAMENTO DOS POSSÍVEIS ATRATIVOS A SEREM VISITADOS, É IMPORTANTE QUE O ROTEIRISTA VERIFIQUE TODA A ESTRUTURA EXISTENTE NO LOCAL; SE ESTÁ OU NÃO ESTRUTURADO E QUAL TIPO DE TURISTA ESTÁ APTO A RECEBER. AFINAL, UMA ESTRUTURA CONSIDERADA SATISFATÓRIA PARA DETERMINADO PÚBLICO PODE SER AVALIADA COMO ABSOLUTAMENTE INSATISFATÓRIA PARA OUTRO.

Não há necessidade de que todos os atrativos incluídos no itinerário sejam perfeitamente estruturados para visitação. O importante é que o roteirista consiga balancear a existência de locais com e sem estrutura, sempre considerando o público-alvo. Via de regra, o roteiro deverá passar mais rapidamente por locais sem estrutura e fazer as paradas mais longas, preferencialmente em horários estratégicos, em locais com maior e melhor estrutura.

BANCO DE DADOS

Em um primeiro momento, sugere-se fazer um amplo levantamento e um inventário das possibilidades de visitação na abrangência territorial delimitada, a princípio não descartando nenhum local com possibilidade de ser visto ou visitado. Deve-se considerar que os roteiros podem servir para aumentar a visitação a atrativos menos conhecidos do público em geral, tanto enriquecendo o roteiro em si como fomentando a atividade turística e a economia local (TAVARES, 2002).

Uma coleta de dados bem executada pode servir de base para a elaboração de muitos roteiros diferenciados, para públicos com características distintas. Quanto mais completa for a ficha de caracterização dos atrativos, melhor. Essa ficha não deve conter somente o nome do atrativo e endereço, mas todo e qualquer dado relevante sobre ele, como os mostrados a seguir.

- Nome.
- Endereço.
- Como chegar e se há alguma dificuldade de acesso.
- Site e e-mail.
- Região/área em que se encontra.
- Fica próximo a algum outro atrativo? Dá para ir a pé? Fazer uma visita conjunta?
- Faz parte de alguma região turística ou algum roteiro? Qual(is)?
- Qual público atende melhor? (Demanda prioritária e secundária.)
- Restrições à visitação – pessoas com medo de altura, claustrofóbicas, alérgicas, asmáticas, menores de idade...
- Nível de dificuldade para visitação.
- Tipo de atrativo – parque, museu, casa de shows, parque aquático etc.
- Tipo de visita – parada com visita interna/visualização externa.
- Tema do atrativo – arte impressionista, esculturas, country, automobilístico etc.
- Áreas interna e externa (tamanho real e relativo), com descritivo dos espaços quando necessário. Por exemplo, se for um teatro: palco = x lugares; plateia = x lugares; camarote

A = x lugares; camarote B = x lugares, obs.: vista parcialmente interrompida.

- Descritivo objetivo do local e do que contém – trilhas, lago, playground, pista de corrida, orquidário, viveiro, espaços e equipamentos para prática de esportes (quais), estacionamento, elevadores, espaço kids etc.

- Serviços ofertados (descrever o que está incluso e o que não está, com preços aproximados) – restaurantes, lanchonetes, banheiros, loja de suvenires, aluguel de veículos e equipamentos, guarda-volumes, manobrista, monitoria infantil, enfermaria e suporte médico etc.

- Preços aplicados, descontos, acordos com a agência/operadora.

- Formas e sistemas de pagamento.

- Horários e dias de funcionamento.

- Horário ideal de chegada e dias ideais de visitação.

- Tempo ideal ou necessário para visitação.

- Dias e períodos em que estarão fechados (férias/manutenção).

- Necessidade de reserva antecipada/contato para reserva.

- Política de cancelamento.

- Documentos necessários.

- Traje, equipamentos necessários, sugeridos ou ideais.

- Acessibilidade física e sensorial etc. – descrever em que espaço ou serviço é oferecida e o tipo. Considerar os diferentes tipos de público e como poderiam ser (ou não) atendidos no local.

- Acessibilidade referente às condições do piso – regular, com buracos, com pedras soltas, necessidade de calçados especiais, ir com tênis, existência de escadas, piso escorregadio, rampa de acesso etc.

- Informação interna – acompanhamento, audioguia, folheteria.

- Idiomas disponíveis no atendimento, nos informativos, em legendas e nos audioguias.
- Proibições – andar de bicicleta, skate, animais (exceto cão-guia), comer, beber, fumar, fotografar (com ou sem *flash*), filmar, visitar calçado, menores de 18 anos etc.
- Contatos.
- Considerações e impressões pessoais – o que sentiu, para qual público acredita que o local seria interessante, como poderia ser trabalhado.

Com essa ficha bem preenchida em mãos, fica bastante fácil montar o roteiro. É importante lembrar que as condições dos locais não são perenes e estão em constante mutação, tanto para melhorias como por deterioração. Dessa forma, é fundamental datar o levantamento de dados e mantê-los atualizados, checando as informações periodicamente.

HIERARQUIA

Em caso de dúvidas sobre a escolha dos atrativos, uma das ferramentas para a definição de quais devem ser incluídos nos roteiros é fazer ou consultar sua hierarquização. A hierarquização dos atrativos é uma metodologia para definir quão importante é a visitação a determinado atrativo. Em 2007, o Ministério do Turismo adaptou a metodologia utilizada pela Organização Mundial do Turismo (OMT) e pelo Centro Interamericano de Capacitação Turística (Cicatur) e elaborou uma cartilha de roteirização turística na qual propõe uma nova metodologia para a hierarquização de um atrativo.

O método consiste em avaliar o potencial de atratividade do elemento analisado a partir de vários fatores:

- **grau de uso atual:** avaliando o volume de fluxo turístico efetivo;
- **representatividade:** analisando a raridade ou a singularidade do atrativo;
- **apoio local e comunitário:** avaliando o grau de interesse da comunidade;

- **estado de conservação da paisagem circundante:** mediante avaliação *in loco*;
- **infraestrutura:** tipos e estado;
- **acesso:** existência e estado.

A esses fatores são atribuídos os valores 0 (nenhum), 1 (baixo), 2 (médio) e 3 (alto). O fator "representatividade" deve ter seu valor multiplicado por 2, haja vista sua importância. O potencial de atratividade em si também é avaliado conforme o quadro 5.2 e deve ter suas notas multiplicadas por 2.

Quadro 5.2
Valores para hierarquização de atrativos turísticos.

Hierarquia	Característica
3 (alto)	Atrativo turístico excepcional e de grande interesse, com significação para o mercado turístico internacional, capaz de, por si só, motivar importantes correntes de visitantes, atuais e potenciais.
2 (médio)	Atrativo com aspecto excepcional em um país, capaz de motivar uma corrente atual ou potencial de visitantes desse país ou estrangeiros, em conjunto com outros atrativos próximos a ele.
1 (baixo)	Atrativo com algum aspecto expressivo, capaz de interessar visitantes oriundos de lugares no próprio país, que tenham chegado à área por outras motivações turísticas, ou capaz de motivar fluxos turísticos regionais e locais (atuais e potenciais).
0 (nenhum)	Atrativo sem mérito suficiente, mas que é parte do patrimônio turístico como elemento que pode complementar outros de maior hierarquia. Pode motivar correntes turísticas locais, em particular a demanda de recreação popular.

Para obter o *ranking* dos atrativos, devem ser somados os pontos obtidos na atribuição de valores. Quanto maior for o valor, maior a importância do atrativo (a inclusão no roteiro é, portanto, recomendada). Vale ressaltar que essa é uma metodologia de orientação e de recomendação para facilitar o trabalho dos roteiristas, não substituindo de maneira alguma sua observação pessoal, seu conhecimento sobre a demanda, os objetivos de seu roteiro ou qualquer outro fator que deva ser considerado e que, porventura, seja mais relevante do que a hierarquia do atrativo.

É importante também lembrar que o item "representatividade" deve ser considerado individualmente para cada um dos públicos, pois o que é representativo para um público pode não ser para outro.

AUTORIZAÇÕES

Há certas localidades, regiões ou atrativos que permitem visitação ou trânsito por sua área somente mediante autorização prévia. Em alguns casos há necessidade de pagamento de taxas; em outros, a visita só é permitida se os participantes do roteiro têm algum tipo de curso ou qualificação.

Obviamente, é necessário que o roteirista verifique essas exigências e obtenha as autorizações para a visitação turística nos órgãos governamentais competentes (como Ibama, Iphan, prefeituras, entre outros) ao incluir atrativos que estejam sob os cuidados desses órgãos, assim como providencie ou informe ao setor financeiro da empresa as taxas a serem pagas. Como exemplo, podemos citar Fernando de Noronha (em Pernambuco, Brasil), cuja visitação exige o pagamento da Taxa de Preservação Ambiental, que varia de acordo com o tempo de permanência na ilha, a taxa do Parque Nacional Marinho de Fernando de Noronha, que é diferente para brasileiros e estrangeiros e vale por dez dias, e a Autorização Especial de Trânsito (AET) exigida para os ônibus de fretamento transitarem pela Zona de Máxima Restrição de Fretamento (ZMRF), em São Paulo.

ESPAÇO FÍSICO

Além dos agentes organizadores que vimos anteriormente e que interferem nas características e nos objetivos dos roteiros, existem ainda duas questões a serem verificadas pelo roteirista no momento da elaboração de seu produto e que dizem respeito ao ambiente no qual estará inserido: se o roteirista pode interferir no espaço em que o roteiro será realizado, ou se será um produto somente de prestação de serviços e, neste caso, precisará se adaptar às condições encontradas no local.

É muito importante saber qual dos dois tipos será elaborado, para as providências necessárias não serem esquecidas ou negligenciadas, seja nas possíveis interferências no ambiente (com adequações temporárias ou permanentes), seja com medidas provisórias e individuais (utilizadas somente para aquele grupo ou turista especificamente).

Também é importante conhecer a amplitude de ação que o roteirista tem ou terá, para evitar frustração pessoal ao esperar ou tentar fazer algo que não seja de sua alçada, sua competência, seu alcance; que seja impossível ou inviável naquele momento.

Assim, neste tema existem dois tipos básicos de roteiros:

- aqueles que interferem no espaço físico;
- aqueles que não interferem.

ROTEIROS QUE INTERFEREM NO ESPAÇO FÍSICO

Trata-se dos roteiros que promovem adaptações nos locais (países, cidades ou atrativos) para a estruturação do itinerário. A roteirização e a adaptação dos atrativos para o recebimento de turistas se confundem em diversos momentos. Embora seja possível pensar a adaptação dos espaços e atrativos sem elaborar um roteiro de visitação propriamente dito, não há como pensar em elaborar a roteirização de uma visita sem uma mínima adaptação do local.

Dessa forma, torna-se obrigatório que alguns aspectos fundamentais sejam verificados inicialmente. Os principais itens a serem examinados nos espaços de realização dos roteiros são acessibilidade, sinalização, capacidade de carga, ludicidade e segurança.

Este tipo de roteiro é elaborado principalmente pelas instituições oficiais de turismo, quer sejam órgãos públicos municipais, órgãos de outras esferas políticas, administradoras de locais turísticos ou proprietários dos atrativos particulares. Independentemente de serem espaços externos e urbanos (como ruas e estradas), ambientes naturais (como trilhas e cavernas), atrativos públicos ou privados (como museus, igrejas e indústrias), o princípio é o mesmo.

ACESSIBILIDADE

O conceito de acessibilidade (a qualidade de ser acessível, a facilidade de acesso), embora bastante falado, nem sempre recebe a devida atenção no dia a dia.

Os princípios da acessibilidade podem ser aplicados da mesma maneira a uma cidade, a um parque natural ou a um atrativo urbano. Os aspectos de acessibilidade têm caráter interno (dentro da cidade/do atrativo) e externo (para chegar à cidade/ao atrativo), ou seja, aplicam-se tanto para chegar a determinado local como para mover-se dentro dele.

Lembramos uma vez mais que, quando falamos em melhoria de acessibilidade, não estamos nos referindo apenas a quem tem alguma deficiência, mas a qualquer pessoa que em algum momento da vida, em situações específicas, pode necessitar de acesso facilitado, como:

- pessoas com crianças de colo;
- pessoas com carrinhos de bebês, malas ou outros volumes;
- famílias com crianças pequenas;
- mulheres usando salto alto;
- idosos;
- pessoas com membros inferiores engessados ou machucados;
- mulheres grávidas.

Todos esses públicos têm dificuldade de circular em pisos com irregularidades, pedregulhos, pedras soltas etc. e têm clara preferência por andar em pisos planos, onde há menor risco de quedas, acidentes e torções. As escadas sempre dificultam o transporte de volumes e são um local de risco de acidentes.

SINALIZAÇÃO

A acessibilidade está diretamente ligada aos aspectos de sinalização e informação; é quase impossível dissociá-los. A sinalização e a informação auxiliam a localizar e a percorrer os acessos e os caminhos corretamente. Além disso, o conceito de ser acessível, neste caso, abrange o aproveitamento do atrativo na íntegra. A falta de acesso ou de sinalização dificulta ou impossibilita a chegada ao local pretendido e, consequentemente, seu usufruto.

A sinalização pode ser externa ou interna e, dependendo de sua localização, é de responsabilidade de poderes diferentes. Sinalização e informação constituem dois fatores fundamentais que, nos atrativos turísticos, quase nunca são demais.

Como regra, podemos afirmar que sempre é melhor mais informação do que menos, mais placas informativas e indicativas do que menos, desde que, obviamente, sejam usadas com bom senso e aplicadas de forma correta, e que não poluam visualmente o local.

Em muitos casos, as placas de sinalização interna também possuem como função direcionar o fluxo dos visitantes, orientando e organizando o sentido da visita.

O fluxo dos visitantes para a realização dos roteiros nos atrativos pode possuir duas estruturas básicas:

- **fluxo livre, mas orientado:** permite que o visitante faça seu próprio percurso, seguindo as indicações do itinerário. Admite atalhos, caso alguma parte do percurso não seja de interesse, assim como retornos, caso a pessoa deseje percorrer novamente aquele local ou parte do atrativo;
- **fluxo obrigatório e sequencial:** obriga o visitante a passar por todo o local, em uma sequência predeterminada, não permitindo atalhos ou retornos. Esse tipo de fluxo é muito utilizado em feiras, exposições, visitas a linhas de montagem, esta-

belecimentos comerciais e na maior parte das trilhas. Nesses casos, geralmente o local de saída (término do roteiro) é bastante diferente do local de entrada.

A sinalização interna de um local com placas pode ser substituída ou complementada por folheteria e distribuída na entrada do empreendimento. Isso normalmente é feito em atrativos complexos e que contenham muitas atrações. O mapa pessoal é necessário para o desfrute das atividades no local.

CAPACIDADE DE CARGA

Quando um roteiro é elaborado por um órgão que tem autonomia sobre o uso de seu espaço, é de extrema importância que seja realizado um estudo da capacidade de carga do local antes do início das atividades. Uma vez calculada essa capacidade, é fundamental o respeito a esse valor.

A capacidade de carga turística pode ser considerada o número máximo de visitas em determinado período de tempo que uma área pode suportar antes que ocorram alterações no meio físico e social (BOO, 1990).

Existem diversos tipos de capacidade de carga turística a considerar, entre elas a ambiental, a social e a econômica. Um dos maiores erros dos administradores é entender o conceito de capacidade de carga como restrito às questões ambientais. Não é! O conceito de capacidade de carga é muito mais amplo do que isso.

Quadro 5.3
Principais tipos existentes de capacidade de carga dos locais turísticos.

Tipo da capacidade	Conceito	Pontos a atentar
Ambiental	Calculada em áreas naturais/rurais. É o número máximo de visitantes que um local pode receber/suportar antes que haja danos ao meio ambiente de maneira irreversível.	As áreas naturais/rurais possuem características muito específicas relacionadas aos impactos causados pela visitação e ao tempo que será necessário para que a natureza promova sua regeneração. A capacidade de carga ambiental deve ser calculada com a ajuda de biólogos, ecólogos ou engenheiros ambientais, considerando a fragilidade do meio ambiente e as especificidades das espécies existentes na localidade, preferivelmente com profissionais especialistas na região.
Econômica	Em áreas com atividade econômica, consiste no número máximo de visitantes que um local pode receber/suportar antes que apareçam problemas de ordem econômica na região.	O limite de visitações permite que a região desenvolva outras atividades e não se torne unicamente dependente do turismo. Nem sempre receber um maior número de visitantes ao mesmo tempo é sinônimo de maior lucratividade. Em locais abarrotados, as pessoas costumam consumir menos, circular menos, permanecer por menos tempo e, consequentemente, gerar menos lucro para os atrativos.

(cont.)

Tipo da capacidade	Conceito	Pontos a atentar
Social (percebida pelos residentes)	É o número máximo de turistas que a localidade pode receber sem que sejam causadas tensões entre os residentes e os turistas, bem como perturbações sociais ou prejuízo cultural.	O turista possui um ritmo de vida completamente diferente do de um cidadão em seu local de moradia. Nem sempre o comportamento do turista é considerado adequado ao local e ao estilo de vida dos moradores. Segundo Krippendorf (1989), pessoas em viagens se julgam especiais, esquecem-se das boas maneiras e não se sentem responsáveis.
Física	É uma das mais fáceis de ser calculada. Em qualquer tipo de espaço delimitado, com ou sem controle de entrada, é possível realizar o cálculo da quantidade ideal de pessoas no local, a partir de sua área.	Em caso de estruturas com projeto arquitetônico ou de engenharia conhecido, a capacidade de carga deve ter sido calculada durante sua elaboração. No caso de estruturas antigas, com projetos desconhecidos ou perdidos no tempo, ou mesmo sem projetos, engenheiros devem ser contratados para fazer o cálculo.
Perceptiva	É o número máximo de visitantes que o local pode receber antes que a percepção de satisfação comece a ser afetada, fazendo com que os turistas procurem destinos alternativos. Essa capacidade varia muito conforme o público a ser trabalhado e deve ser calculada pelo proprietário em sintonia com as perspectivas econômicas, físicas e sociais.	Um ambiente frequentado por jovens pode ser considerado como "bombando", "superdescolado", quando está cheio de gente, enquanto um ambiente similar, se frequentado por famílias com crianças, é avaliado como lotado, caótico, insuportável.

(cont.)

Tipo da capacidade	Conceito	Pontos a atentar
Operacional	É o número máximo de turistas que podem ser atendidos pelo local simultaneamente ou em determinado período de forma satisfatória, sem que sua infraestrutura entre em colapso.	Devem ser considerados todos os sistemas envolvidos e pertinentes a cada um dos empreendimentos, como mão de obra (atendimento), estacionamento, sanitários, alimentação, entretenimento e acomodação/descanso, entre outros.

LUDICIDADE

O conceito de ludicidade é bastante amplo e merece aqui um espaço para reflexão. Ludicidade por definição é a qualidade do que é lúdico, ou seja, daquilo que remete a jogos, brincadeiras e divertimento. Entretanto, atualmente, o conceito de ludicidade tem se ampliado bastante e ganhado novos horizontes.

O lúdico tem sido redescoberto por grandes empresas como fator de modificação de comportamento das pessoas, consumidores ou não. O lúdico é uma forma de captar a atenção das pessoas, bem como de desenvolver a criatividade e os conhecimentos, seja por meio de brincadeiras, jogos, música, dança, seja por outra atividade.

Por si só, as atividades turísticas já possuem alguns aspectos de ludicidade quando são realizadas no tempo livre das pessoas e por motivação de lazer; entretanto algumas delas, por seu caráter cultural, histórico e educativo, podem carregar consigo algumas características consideradas mais sérias e até mesmo um tanto taciturnas (por exemplo, visitas a exposições de arte, museus, edifícios históricos, monumentos ou similares).

Na área do turismo, esses aspectos lúdicos são considerados como animação turística e têm sido estudados como um dos fatores de incremento da taxa de ocupação de turistas nas localidades, bem como um dos fatores de aumento da atratividade local.

Obviamente, nem todos os espaços, mesmo transformados em atrativos de visitação turística por suas características específicas, podem ou devem incluir atividades lúdicas, como é o caso de campos de concentração, igrejas, prisões e templos religiosos, entre outros.

Entretanto, em espaços nos quais é possível fazer essa transição dos aspectos mais formais para as atividades turísticas mais lúdicas e participativas, obtém-se maior interesse e maior integração das pessoas. Essa prática é particularmente recomendada para os públicos infantojuvenis compostos por famílias e pessoas com deficiência visual.

Para o público infantojuvenil, tão cheio de energia e curiosidade, exposições com experimentos (mas também – e por que não? – obras de arte) interativos são fórmula de sucesso. Na maior parte das vezes, réplicas de obras de arte interativas que foram criadas como item de acessibilidade para pessoas com deficiência visual são utilizadas como fator de ludicidade para públicos infantojuvenis.

> TRABALHAR A LUDICIDADE EM UM EMPREENDIMENTO E DE UM ROTEIRO TURÍSTICO NÃO SIGNIFICA ANARQUIZAR, QUEBRAR TODO TIPO DE REGRA E TRANSFORMAR O LOCAL EM UM VERDADEIRO CIRCO, MAS PENSAR EM PEQUENOS DETALHES CAPAZES DE CHAMAR A ATENÇÃO DO PÚBLICO E FAZÊ-LO RELAXAR. FAZER COM QUE SE SINTA MAIS À VONTADE COM O RESTANTE DO ESPAÇO A SER VISITADO E COM A PROGRAMAÇÃO A SER REALIZADA.

SEGURANÇA

Este é um aspecto que deve ser sempre pensado com a maior antecedência possível. Prevenir é sempre a melhor escolha.

A segurança no caso dos roteiros refere-se aos possíveis acidentes com os turistas, relacionados:

- à mobilidade, como acidentes de trânsito (carro, bicicletas, atropelamentos);
- a ocorrências em caminhadas e áreas naturais (quedas, tropeços, batidas, escorregões, mordidas e picadas de animais);
- a acidentes com partes elétricas ou mecânicas.

Tudo o que puder oferecer algum risco deve ser analisado e minimizado, na medida do possível.

> A SEGURANÇA ESTÁ INTIMAMENTE VINCULADA À ACESSIBILIDADE E À MOBILIDADE. SEMPRE QUE POSSÍVEL, OS EMPREENDIMENTOS DEVEM SER ADAPTADOS, CONSIDERANDO PREFERENCIALMENTE O PÚBLICO QUE FARÁ O USO PRINCIPAL, MAS SEM DESCONSIDERAR OS DEMAIS.

É importante ressaltar que as questões que envolvem segurança pública são de competência das secretarias municipais e não há como o roteirista interferir; ele deve apenas checar se o roteiro em elaboração pode ou deve ser alterado para evitar regiões potencialmente perigosas.

ROTEIROS QUE NÃO INTERFEREM NO ESPAÇO FÍSICO (ROTEIROS SOMENTE COMO PRESTAÇÃO DE SERVIÇOS)

Obviamente que nem todos os roteiros podem promover alterações nas cidades e nos locais de visita, pois são itinerários somente para prestação de serviços. Essa é a realidade da imensa maioria dos produtos existentes no mercado, pois praticamente todos aqueles elaborados por agências, operadoras, empresas, escolas, aplicativos, revistas e pelos próprios turistas são assim. Dessa forma, só lhes resta conseguir se adaptar da melhor maneira possível às condições que encontrarem. Isso não impede os profissionais envolvidos (roteiristas, guias de turismo, agente de viagens ou outros) de tomar as providências necessárias para que seus clientes sintam o mínimo possível as deficiências dos locais visitados, seja compensando essas deficiências com modificações no percurso, seja ofertando benefícios a seus clientes, como calçados extras e confortáveis, ingressos antecipados, lanches e bancos, entre outros.

Uma vez identificada a falha, ao roteirista cabe sugerir as modificações necessárias aos gestores dos espaços e lembrá-los de que, quanto mais adaptados os locais estiverem, maior a amplitude de público a ser atendido. O acesso a gestores particulares geralmente é mais fácil do que a gestores públicos. No serviço público, nem sempre fica claro de quem é a competência para realizar a adaptação. Além de facilitarem a vida do roteirista, as adaptações, se implantadas, acabam por beneficiar a todos. É uma questão de cidadania.

QUESTÕES AMBIENTAIS E CLIMÁTICAS

Na definição dos locais a serem contemplados, é preciso considerar que todos os roteiros estão sujeitos às interferências do clima. Entretanto, no caso de roteiros em ambientes naturais, essas interferências são ainda mais intensas.

Como os ambientes de implantação dos roteiros variam muito, seria muito difícil – para não dizer impossível – listar aqui todos os fatores a serem previstos, pois podem contemplar desde cuidados com chuvas, enchentes, estiagem, sol excessivo, neve, granizo, barro/lama, fluxo de água (corredeiras, cachoeiras), deslizamentos, queda de barreiras, queda de árvores, ressacas, ventos fortes, tempestades de areia e furacões até medidas em relação a itens que dificilmente podem ser previstos, como terremotos, tsunamis e erupções vulcânicas.

Vamos começar com um aspecto básico, que é verificar se o roteiro será realizado ao ar livre ou em ambiente fechado. As possibilidades apresentadas no quadro 5.4 abarcam a maior parte dos roteiros mundiais.

Quadro 5.4
Possibilidades de roteiros conforme o ambiente.

Tipo do roteiro	Características	Exemplos
Roteiro realizado ao ar livre e turistas totalmente expostos ao clima.	Roteiros realizados em ambientes naturais ou rurais. Alguns roteiros urbanos. Roteiros intermediários.	Trilhas, caminhadas, escaladas, passeios de bicicleta, dias de campo, tours em animais, alguns passeios de barco, tours no deserto. Walking tours, bike tours. Peregrinações, caminhos.
Roteiro realizado ao ar livre, porém com os turistas protegidos das intempéries.	O turista somente é afetado pelo clima ao descer do meio de transporte. Pode "visualizar" a chuva, a neve ou o sol muito quente, mas não é totalmente afetado pelo clima, estando protegido.	Tours realizados em ônibus e veículos automotores, como circuitos, excursões, city tours e os passeios de barco.
Roteiro realizado em ambiente fechado.	O turista nem visualiza nem percebe o clima que está ocorrendo ao ar livre.	Visitações a museus, exposições, fábricas etc. e atrativos em ambientes internos.

Não é necessário que todo o percurso seja realizado ao ar livre ou em ambiente fechado. Normalmente, as programações são compostas por visitações que alternam os diferentes tipos de visita.

Um roteirista precisa ter resposta para as questões a seguir (e usar de criatividade para pensar em muitas outras que sejam viáveis para seu roteiro).

- Há alguma condição atmosférica específica necessária para a realização do percurso? (Vento, visibilidade, umidade, precipitação etc.) É possível prevê-la? Com qual antecedência e com que margem de segurança?

- É possível a realização do percurso com chuva? De qual intensidade?
- Os locais por onde o roteiro passa costumam registrar enchentes?
- Se não for possível efetuar parte do percurso, qual será a alternativa? Cancelamento integral, transferência de data, inversão do percurso, mudança de meio de transporte?
- A precipitação de chuva forte em dias anteriores à realização do roteiro impede que ele ocorra? (Cheia de rio, lama, queda de barreira, gelo nas estradas etc.)
- Os locais ficam escorregadios? Há necessidade de algum tipo de providência especial?
- Em caso de estiagem prolongada, isso atrapalharia o roteiro? Qual a alternativa? (Os lugares ficam feios, o ar fica poluído, represa ou rios ficam baixos etc.)
- Se o sol e o calor estiverem fortes, causarão desconforto aos turistas? Há algo que possa ser feito? Há alguma adaptação para dar conforto aos clientes?
- Em caso de neve ou de queda de granizo, isso impede o prosseguimento da programação? Há algo que possa ser feito? Há alguma adaptação para dar conforto aos clientes?
- Em caso de falta de neve, isso impede a realização de alguma atividade?
- Existem temperaturas mínimas e máximas nas quais é permitido fazer o roteiro em segurança?
- Existem períodos em que há maior incidência de mosquitos, pernilongos ou outros insetos a ponto de causarem incômodo aos clientes? Há alguma providência possível?

Nem sempre existem respostas ou soluções para todas essas questões. O importante é que o roteirista já tenha se perguntado a respeito desses aspectos e saiba que atitudes tomar em casos como esses. É importante também prever alguma cláusula no contrato com os clientes que isente a empresa da não realização de alguma atividade motivada por intempéries.

TRILHAS E OUTROS ROTEIROS EM AMBIENTES NATURAIS

Os roteiros em meio à natureza, embora sejam bastante atrativos, devem ser tratados com muito cuidado para não se tornarem traiçoeiros. Segurança, alimentação e paradas para descanso são alguns dos aspectos que devem ser especialmente considerados. Cada ambiente possui características próprias que determinam o tipo de turismo e de roteiro a serem ali praticados.

Em princípio, o local escolhido para a prática do turismo precisa ser passível de visitação comercial. Há regiões que só podem ser exploradas para fins de estudo, há outras liberadas somente parcialmente para visitação, há aquelas que não podem ser visitadas de jeito algum e há aquelas de livre visitação.

Em algumas regiões, há exigência de autorização antecipada; em outras, a autorização é retirada no próprio dia e no local. Em algumas é possível conhecer os locais somente com acompanhamento do guia específico; outras são livres para que o visitante as explore por conta própria.

A elaboração de roteiros turísticos em ambientes naturais exige um cuidado maior, por estarem mais vulneráveis às variações ambientais e climáticas do que os ambientes urbanos. Um parque pode ser perfeitamente visitável em um dia e estar fechado no dia seguinte em razão de uma queda de árvore no caminho, uma enxurrada causada por tempestade na nascente (mesmo que esteja tempo aberto no local de visitação), um incêndio florestal ou até algum animal selvagem visto nas redondezas. Por todos esses motivos, é preciso que o roteirista faça um estudo aprofundado sobre a área que pretende explorar turisticamente em seu roteiro, a fim de conferir se o que está sendo proposto é possível. Além de providenciar os meios necessários para tornar o roteiro viável.

SEGURANÇA

A segurança é o principal aspecto a considerar na elaboração de um roteiro em meio natural, seja ele de aventura ou não. O acompanhamento de guia de turismo especializado nem sempre é obrigatório, embora sempre aconselhável. Um guia pode explorar melhor a região, ensinar sobre as características locais, levar o grupo por trilhas pouco conhecidas e resguardá-lo de situações de risco.

Além das permissões oficiais, é necessário que o roteirista cheque se a conservação do local está em ordem. Ao montar uma trilha, considerando suas particularidades e o vínculo intrínseco com as questões naturais, é necessário que inicialmente seja elaborado o cálculo de capacidade de carga do local em parceria com biólogos, geógrafos ou ecólogos.

Uma trilha turística segura precisa contar com os seguintes aspectos:

- sinalização de entrada/início da trilha, bem como em sua extensão;
- sinalização do grau de dificuldade e de alguma outra informação importante;
- percurso claro, que não dê margem a equívocos (para evitar que as pessoas saiam da trilha e se percam);
- mato aparado;
- recursos de segurança (como cordas, ganchos ou apoios diversos), caso haja, checados periodicamente e em excelentes condições;
- verificação da existência e do surgimento de buracos, poças, valetas e precipícios.

A época na qual é permitida a visitação também deve ser levada em consideração. Há locais, por exemplo, em que as chuvas inviabilizam as visitações. Em outros, ao contrário, é a falta de chuva que não permite a realização de alguns esportes de aventura, como rafting. Dessa forma, a escolha do local e do tipo de roteiro têm que estar em conformidade com a época de realização e o clima.

ALIMENTAÇÃO

Em ambientes naturais, geralmente não há serviços de alimentação regulares no atrativo ou próximo dele. Assim, é preciso prever como e onde será realizada a alimentação dos turistas, considerando o tempo de duração do roteiro. Pode-se prever a parada para alimentação antes ou depois das visitas. Também é possível providenciar lanches para o consumo no local, se permitido. Em alguns casos, pode ser necessário levar equipe e equipamento de apoio para carregar a alimentação. Muito importante sempre ressaltar que, após o consumo, nenhuma embalagem ou lixo devem ser deixados para trás.

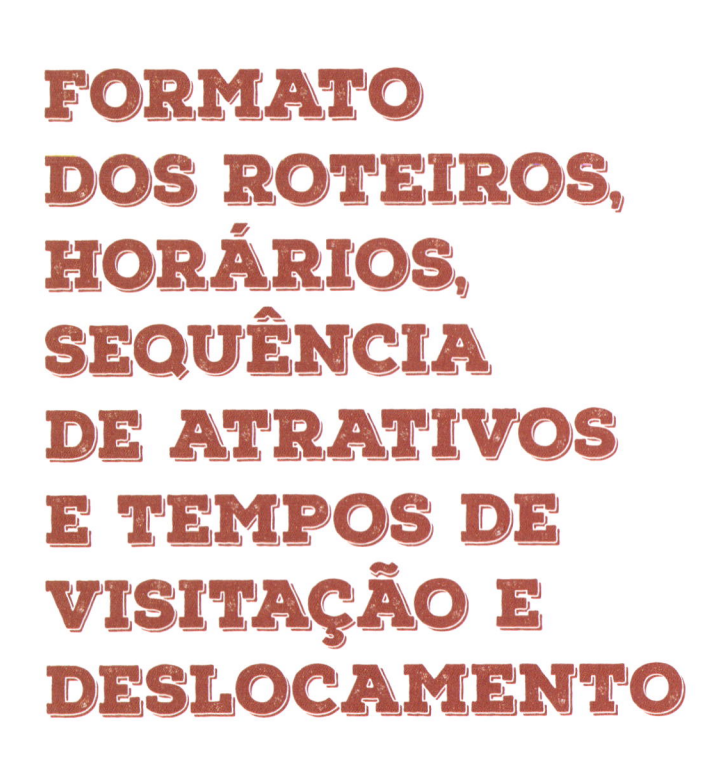

FORMATO DOS ROTEIROS, HORÁRIOS, SEQUÊNCIA DE ATRATIVOS E TEMPOS DE VISITAÇÃO E DESLOCAMENTO

CAPÍTULO 6

GLACIER EXPRESS NO
VIADUTO WIESEN (SUÍÇA).

FORMATO DOS ROTEIROS

A partir deste momento o profissional tem em suas mãos uma grande gama de atrativos que podem ser incluídos em seu roteiro, já hierarquizados de acordo com as características de seu público-alvo e do produto que pretende elaborar. Agora, deve definir o formato do roteiro. Cada um dos formatos serve a determinado propósito, e cabe ao roteirista escolher o mais adequado ao que pretende.

Existem alguns detalhes importantes no que diz respeito aos locais de início (saída ou ponto de encontro) e de término dos roteiros e que acabam tendo implicações na hora da definição do formato. A escolha desses pontos muitas vezes pode ser um fator decisivo no sucesso comercial do produto. Assim, é importante escolher locais que sejam:

- centrais (em casos de tours urbanos) e de visualização e identificação fáceis;
- próximos a estações de metrô e/ou de trem, terminais rodoviários e táxis (em casos de tours urbanos);
- próximos a algum marco de referência;
- seguros e iluminados;
- que permitam o estacionamento ou a parada do veículo a ser utilizado para a viagem;
- que sejam próximos à área de estacionamento para os carros dos próprios turistas ou de pessoas que possam levá-los e/ou buscá-los.

É muito importante notar, entretanto, que nem sempre os roteiros possuem um ponto de saída fixo. Muitas vezes, eles têm início nos diversos hotéis da cidade. Isso é particularmente complicado no caso de city tours. A saída dependerá da disposição física dos principais atrativos da cidade. A principal sugestão, nesse caso, é mapear os atrativos imprescindíveis e elaborar alguns percursos alternativos (saindo das regiões em que se localizam os principais hotéis), de forma que todos os percursos passem por esses atrativos indispensáveis, e adaptando os tempos de visitação para que todos finalizem em horário adequado.

Nesse momento, o roteirista já deve ter em mente qual tipo de estrutura pretende utilizar em seu roteiro: se um percurso panorâmico, regular com paradas ou hop on hop off. Existem quatro formatos básicos de acordo com as diferentes propostas: linear, semicircular, circular e aranha.

◆ **ROTEIROS LINEARES**
(PERCURSOS SÓ DE IDA)

Os roteiros lineares são percursos somente de ida. O último destino, onde ocorre o término da viagem, é diferente e bastante distante do local de início. É muito utilizado em passeios de linhas de montagem, em excursões e em viagens de navio no início ou no fim de uma temporada.

Um roteiro linear não é necessariamente formado por apenas duas localidades; pode ser composto por diversas delas. Além disso, não há quantidade máxima de locais a visitar. E também não é por ser denominado linear que o percurso precisa seguir exatamente uma linha reta, como pode ser verificado nas figuras 6.1 e 6.2. Excetuando-se alguns casos extremos causados por questões operacionais muito raras e específicas, praticamente todos os roteiros podem ser realizados de A para B e, de maneira inversa, de B para A.

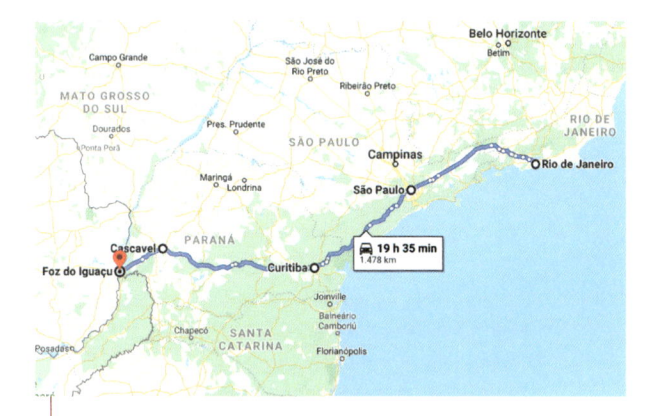

FIGURA 6.1:
ROTEIRO LINEAR RIO DE JANEIRO/ SÃO PAULO/ CURITIBA/ CASCAVEL/ FOZ DO IGUAÇU (1.478 KM).

FONTE: DADOS DO MAPA © 2020 GOOGLE. INEGI.

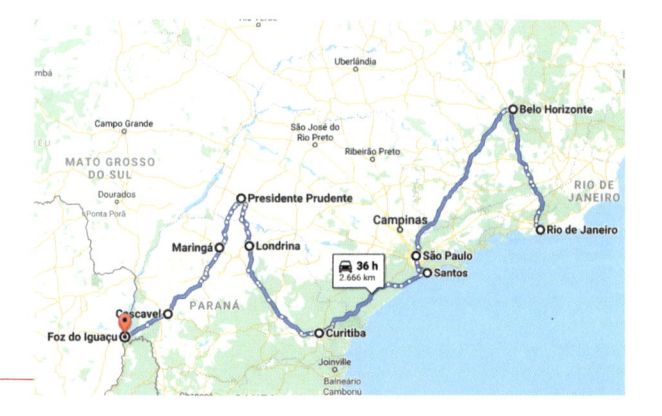

FIGURA 6.2:
ROTEIRO LINEAR RIO DE JANEIRO/ BELO HORIZONTE/ SÃO PAULO/ SANTOS/ CURITIBA/ LONDRINA/ PRESIDENTE PRUDENTE/ MARINGÁ/ CASCAVEL/ FOZ DO IGUAÇU (2.666 KM).

FONTE: DADOS DO MAPA © 2020 GOOGLE.

◆ ROTEIROS SEMICIRCULARES

Os roteiros semicirculares têm início e fim em locais diferentes, porém não muito distantes entre si, como ocorre nos roteiros lineares. Podem ser utilizados em excursões, city tours e outros tipos de roteiros, porém são muito mais empregados em museus, exposições, feiras, em que o visitante deve realizar todo o percurso, mas nos quais, para facilitar a organização do local, deverá sair em um local diferente daquele pelo qual entrou.

Quando realizados em locais fechados, esses percursos de visitação costumam terminar em lojas de suvenires e lanchonetes.

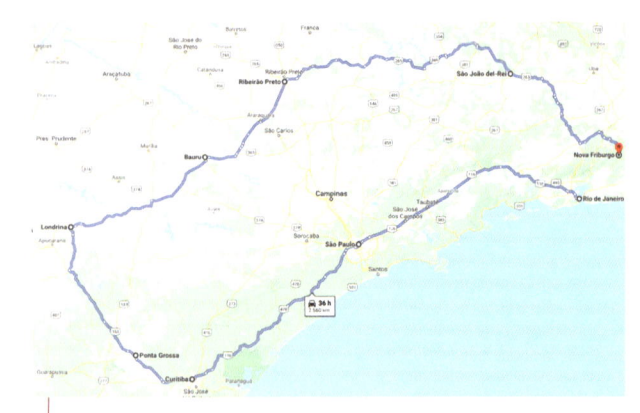

FIGURA 6.3:
ROTEIRO SEMICIRCULAR RIO DE JANEIRO/ SÃO PAULO/ CURITIBA/ PONTA GROSSA/ LONDRINA/ BAURU/ RIBEIRÃO PRETO/ SÃO JOÃO DEL-REI/ NOVA FRIBURGO (2.560 KM).

FONTE: DADOS DO MAPA © 2020 GOOGLE.

◆ ROTEIROS CIRCULARES

Os roteiros circulares possuem início e fim no mesmo local. É o tipo mais comum encontrado no mercado turístico, pois leva o turista de volta ao ponto inicial da viagem, facilitando seu deslocamento posterior, uma vez que o local de partida e início dos roteiros é também normalmente o local de residência ou de alojamento dos turistas. É um formato muito utilizado em praticamente todos os tipos de produtos turísticos, como excursões, circuitos, city tours, passeios, navios e trilhas, entre outros.

Assim como ocorre no formato linear, embora o termo utilizado seja circular não há necessidade de haver o formato de círculo no roteiro; basta que o ponto de início e o de fim do roteiro sejam os mesmos.

FIGURA 6.4:
ROTEIRO CIRCULAR
SÃO PAULO/ CURITIBA/ PONTA GROSSA/ CASCAVEL/ FOZ DO IGUAÇU/ CASCAVEL/ MARINGÁ/ PRESIDENTE PRUDENTE/ SÃO CARLOS/ CAMPINAS/ SÃO PAULO (2.359 KM).

FONTE: DADOS DO MAPA © 2020 GOOGLE.

◆ ROTEIROS ARANHA
(ROTEIROS COM CIDADE-BASE OU COM HUB)

Chamamos de roteiro aranha aqueles que mantêm um ponto central como base para todas as demais atividades e os demais passeios. Normalmente esse formato é utilizado para roteiros realizados em uma região na qual haja uma cidade maior, relativamente central, e diversos atrativos (ou cidades menores) nas proximidades. Essa cidade fica, então, definida como base para os pernoites, e durante o dia os turistas visitam as cidades e os atrativos existentes nas redondezas. Apesar de, à primeira vista, parecer cansativo o ir e vir constante, esse tipo de formato possui como vantagem permitir uma permanência mais longa em um único hotel, evitando o desgaste de abrir e fechar malas e a perda de tempo em razão dos processos de check in e check out nos estabelecimentos. Embora seja mais comum no ambiente urbano, esse modelo também pode ser aplicado no ambiente rural e no natural.

FIGURA 6.5:
ROTEIRO ARANHA COM BASE EM VITÓRIA, VISITANDO AS CIDADES DE VENDA NOVA DO IMIGRANTE, VILA VELHA, GUARAPARI, CARIACICA, SANTA TEREZA E BARRA DO SAÍ (588 KM).
FONTE: DADOS DO MAPA © 2020 GOOGLE.

◆ ROTEIROS COMBINADOS

Em alguns casos, por questões operacionais, pode ser necessário que os roteiros combinem dois ou mais dos conceitos aqui descritos em um único roteiro. Estamos falando dos chamados roteiros combinados.

FIGURA 6.6:
ROTEIRO COMBINADO LINEAR/CIRCULAR SÃO PAULO/ CURITIBA/ FOZ DO IGUAÇU/ LONDRINA/ BALNEÁRIO CAMBORIÚ/ PORTO ALEGRE (2.683 KM)
FONTE: DADOS DO MAPA © 2020 GOOGLE.

◆ ROTEIROS INTERMEDIÁRIOS

Em regiões onde o fluxo turístico é intenso e já amadurecido, é possível que a operação dos roteiros passe a comercializar os produtos de maneira mais otimizada, desmembrando os itinerários já existentes em diversos roteiros lineares menores. Esse desmembramento dos roteiros, combinado com um fluxo turístico regular, potencializa o patrimônio existente, economizando mão de obra e recursos financeiros. Além disso, permite a redução de preços e a diversificação da oferta.

Como exemplo, reproduzimos na figura 6.7 o roteiro linear apresentado na figura 6.1.

Em vez de trabalhar um único roteiro turístico (o percurso integral do Rio de Janeiro a Foz do Iguaçu), é possível trabalhar operacionalmente a venda de mais seis tipos de itinerários:

- parcial de São Paulo a Foz do Iguaçu;
- parcial de Curitiba a Foz do Iguaçu;
- parcial do Rio de Janeiro a São Paulo;
- parcial do Rio de Janeiro a Curitiba;
- parcial de São Paulo a Curitiba;
- parcial de Curitiba a Foz do Iguaçu.

Para viabilizar essa comercialização desmembrada, é importante existirem bases comerciais e pessoal de apoio (ou parcerias comerciais) em todas as cidades em que será realizado embarque de passageiros, motivo pelo qual esse tipo de operação somente é feito em regiões com fluxo turístico intensivo e amadurecido.

FIGURA 6.7:
EXEMPLO DE ROTEIRO LINEAR (RIO DE JANEIRO/ SÃO PAULO/ CURITIBA/ CASCAVEL/ FOZ DO IGUAÇU) PARA ELABORAÇÃO DE ROTEIROS INTERMEDIÁRIOS. (1.478 KM).

FONTE:
DADOS DO MAPA © 2020 GOOGLE. INEGI.

SEQUÊNCIA DAS VISITAÇÕES

A sequência de visitas também constitui um ponto de análise dos roteiristas durante a elaboração de um produto. Como regra geral e mais lógica, opta-se pela disposição física como fator prioritário para o sequenciamento dos atrativos e locais. Dessa forma, economizam-se tempo de viagem, combustível e, consequentemente, dinheiro. Assunto resolvido, vamos ao próximo tópico, certo? Hum... bem... talvez não.

Certamente alguns devem estar se perguntando: se a escolha da sequência pela disposição física é tão vantajosa, por que não a utilizar sempre? Resposta simples: porque em alguns (vários) casos, essa simplesmente não é a melhor opção. E esse é um dos fatores que fazem uma enorme diferença entre roteiros elaborados por profissionais e roteiros preparados por amadores.

Veremos a seguir alguns casos em que a ordenação das visitações deve seguir outras lógicas.

ROTEIROS HISTÓRICOS

Os roteiros históricos ficam muito mais interessantes quando é possível realizar a visitação na mesma ordem dos acontecimentos históricos, ou pelo menos parte deles. Essa ordenação cronológica da visitação facilita o entendimento do contexto histórico, de datas e de fatos marcantes a serem passados pelo guia de turismo ou pelo sistema de informações escolhido, mesmo que seja necessário um roteiro não muito "lógico" do ponto de vista físico.

EM RAZÃO DA FALTA DE TEMPO PARA VISITAÇÃO AOS VÁRIOS ATRATIVOS, DA DISTÂNCIA ENTRE ELES OU MESMO DE CARACTERÍSTICAS DA DEMANDA, MUITAS VEZES A REALIZAÇÃO DOS ROTEIROS HISTÓRICOS NA ORDEM CRONOLÓGICA SE MOSTRA INVIÁVEL, PORÉM É IMPORTANTE DESTACAR QUE, CASO SEJA POSSÍVEL ASSIM FAZÊ-LO, O ROTEIRO TERÁ UMA OUTRA ABORDAGEM, MUITO MAIS RICA, PRINCIPALMENTE QUANDO SEU FOCO FOR PEDAGÓGICO.

ROTEIROS TEMÁTICOS

Assim como os roteiros históricos, alguns roteiros temáticos requerem certa ordenação diferenciada na visitação para sua compreensão. Por exemplo, a visitação a museus e exposições que tenham como base um estilo de arte ou um artista específico, mas cujas obras não estejam dispostas em um mesmo ambiente ou próximas umas das outras. Dessa forma, pode ser que o roteiro não seja sequencial do ponto de vista físico e que o visitante tenha que percorrer um caminho um pouco maior (desconexo fisicamente falando), porém um roteiro temático assim elaborado costuma ser muito mais proveitoso.

HORÁRIOS DE VISITAÇÃO INCOMPATÍVEIS

Os horários de funcionamento dos locais visitados devem ser de conhecimento do roteirista e rigorosamente verificados. Em alguns casos pode não ser possível adequar o horário de saída do tour para chegar a todos os locais abertos e com tempo suficiente para visitação. Nesses casos, pode ser necessário inverter o roteiro e visitar em primeiro lugar algum local mais distante, mas que abra mais cedo, para somente depois retornar e visitar aquele local que estava mais próximo, porém que possuía horário de abertura mais tarde.

O mesmo acontece com o horário de fechamento dos atrativos, que deve ser checado a fim de que, caso algum atrativo seja deixado para o final do percurso, exista tempo hábil para visitá-lo, mesmo considerando atrasos eventuais.

Por diversas vezes, o horário de visitação a determinado atrativo decorre de questões ambientais, como a ida a recifes de coral que dependem da variação de maré, visualização de aurora boreal, eclipse, passagem de cometa, hábitos/visualização de animais; nesses casos, a ordem de visitação aos atrativos deve ser alterada de acordo com o horário em que a ocorrência ou o fenômeno se manifesta. Como, em geral, esses atrativos costumam ser os principais dos roteiros, deve-se adequar a ordem de visitação aos demais atrativos em função de cada um deles.

ATRATIVOS INCOMPATÍVEIS ENTRE SI OU COM "TERMINALIDADE"

As visitas a alguns locais são incompatíveis entre si, e outras, por sua essência, devem ser colocadas no final do roteiro. Esses locais podem ser um parque aquático, uma praia, um parque no qual será realizado um piquenique, uma cachoeira, uma trilha, uma caverna ou algum outro local onde os turistas poderão se sujar, molhar-se, ficar muito suados ou se cansar em demasia. É extremamente desagradável colocar esses locais no início ou entre outros locais "secos" e mais formais.

Imaginem a seguinte situação: uma família com duas crianças sai para um city tour de dia todo na cidade do Rio de Janeiro. Logo de início, o ônibus faz uma parada na praia de Copacabana para um banho de mar; todos adoram e começam a curtir a praia e ficam obviamente molhados e com areia. Algum tempo depois, o guia os chama para a continuação do city tour, que prossegue visitando museus e edifícios históricos, nos quais não se permite a entrada de pessoas molhadas, em trajes de banho ou calçando chinelos. Alguns turistas acabam sendo barrados nas atrações. Como irão reagir e se sentir? Obviamente, confusos e incomodados, para não dizer enganados, pois foram induzidos a se vestirem com trajes inadequados para as visitações seguintes; e, mesmo que conseguissem algum local para trocar de roupa, não se sentiriam nada confortáveis em passar o restante do dia com o cabelo e a pele cheios de sal e areia e a sensação de "melado".

Falando em praia, vários aspectos precisam ser levados em conta:

- em geral, há certo tipo de desconforto causado pelo sal e pela areia no corpo, se não há um retorno direto ao meio de hospedagem;
- é um atrativo que, inevitavelmente, resulta em sujeira no veículo, que geralmente possui poltronas de tecido, quando não também carpete; assim, normalmente é utilizado um veículo diferente daquele que leva turistas a outros tipos de passeio;
- por sua característica lúdica, requer um tempo maior de aproveitamento, quase livre; é comum os turistas solicitarem ao guia mais tempo no local ou que voltem por conta própria ao meio de hospedagem.

Fica claro que a parada na praia como primeiro item do roteiro seria inadequada, certo? Portanto, nesse roteiro, o banho de mar, se incluído no passeio, deve ser colocado como a última atividade, mesmo que isso signifique alguma volta extra no percurso.

O mesmo pode ser considerado em relação a qualquer outro atrativo que faça com que os passageiros se molhem ou se sujem, como uma cachoeira, um rio para banho, piscinas, balneários ou termas públicas.

IMPORTÂNCIA

Por vezes, os roteiros incluem alguns locais a serem visitados no percurso somente como complemento para torná-lo mais encorpado – o cerne daquele itinerário é um atrativo em específico. Nesse caso, o itinerário deve ser organizado para que o atrativo principal seja visitado no momento mais adequado do dia, o qual depende do horário de abertura, do ingresso, do tipo do atrativo e do tempo de visitação necessário, entre outros fatores. As visitas aos locais complementares são utilizadas somente para preencher o restante do tempo do percurso.

É sempre interessante que esses locais secundários tenham, na medida do possível, alguma relação com o atrativo principal, a fim de que o roteiro possua certa lógica. Por exemplo, se o objetivo do roteiro é um passeio de barco com mergulho, mas por questões de maré ou de ordenamento no embarque o grupo deva ficar cerca de duas horas ocioso, pode ser incluída uma breve visita a um museu náutico nas proximidades ou às peixarias na orla, complementando assim, de forma harmoniosa, o roteiro em questão, não aparentando que esses outros locais estão apenas "tapando buraco".

PAISAGEM

Outro fator a considerar na elaboração do itinerário é a paisagem do percurso. Em tese, seria lógico pensar que, quanto mais bonita for a paisagem a ser visualizada, mais encantados ficarão os turistas. Pareceria natural planejar o itinerário passando por locais de grande apelo visual, certo? Entretanto, aqui vale o conceito de subjetividade do que é "belo". Há localidades nas quais, sim, uma paisagem bonita é fundamental e auxilia a apreciação do roteiro, porém há outras nas quais o que vale não é a beleza, que é abstrata e relativa, mas a paisagem que melhor se harmoniza com a proposta do roteiro. Um roteiro de cunho histórico e social não pode se privar de mostrar aspectos inerentes ao desenvolvimento local.

Mas cabe ressaltar que, apesar de para muitos não soar como algo "politicamente correto", em alguns casos pode, sim, ser necessária a elaboração de um roteiro não muito lógico do ponto de vista de percurso físico, a fim de evitar trafegar por ruas e locais muito degradados social e urbanisticamente e que em nada contribuam para a construção da imagem do destino e o desenrolar do roteiro.

TRÂNSITO

Muitos centros urbanos e cidades, turísticos ou não, sofrem com congestionamentos. Quer sejam concentrados em horários específicos ou se estendam por todo o dia, quer sejam em apenas algumas principais avenidas ou por quase todas as vias, atravessar algumas cidades pode ser um desafio. Os congestionamentos são capazes de transformar uma viagem em um verdadeiro tormento, principalmente no retorno ao hotel ao final de um dia de passeio.

O roteirista precisa conhecer a dinâmica das cidades pelas quais o roteiro pretende passar, a fim de evitar ao máximo rodar nos horários de pico e nos locais de trânsito mais intenso.

Caso seja inevitável trafegar nos horários de pico, o roteirista deve pensar em alternativas de trajetos que, embora possam ser mais longos, possuam menos trânsito. Outra opção é incluir alguma atividade, como happy hour, para aguardar o fim do caos urbano.

SEGURANÇA

Assim como o trânsito, a segurança é outra questão delicada e que merece toda a atenção do roteirista. O trajeto escolhido precisa ser seguro não só para o veículo, com vias asfaltadas (no caso de área urbana), sinalizadas e em boas condições, como também (e principalmente) para os turistas.

Há certas localidades nas quais algumas vias e regiões possuem reconhecido grau de periculosidade, tanto para trafegar como para desembarcar e realizar visitas. É sempre preferível evitá-las, mesmo que isso signifique abrir mão de algum atrativo ou inverter a ordem de visitação.

Com tantas razões, agora ficou fácil perceber por que a disposição física dos atrativos não pode ser a única razão para a ordenação dos atrativos, certo?

HORÁRIO DE REALIZAÇÃO

A definição do período ou do horário em que o roteiro será realizado é igualmente importante para que algumas de suas características sejam harmonicamente escolhidas. Afinal, você se prepara de maneira diferente para almoçar ou para jantar com os amigos, certo? Do mesmo modo, um roteiro diurno possui diferenças consideráveis em relação a um noturno.

ROTEIROS DIURNOS

A imensa maioria dos roteiros é realizada no turno do dia. Dessa forma, poderíamos até mesmo dizer que, por padrão, os roteiros turísticos são diurnos e que a característica do horário de realização somente deve ser mencionada quando, excepcionalmente, forem feitos à noite, como os tours by night. Entretanto, mesmo os roteiros diurnos podem ser divididos em programações para o período matutino, o vespertino ou para o dia inteiro.

Os organizadores dos roteiros que optam por realizar percursos com duração de até meio dia não têm, obrigatoriamente, necessidade de se preocuparem com questões relativas a alimentação (exceto água), hospedagem e descanso dos turistas ao longo do percurso, pois isso poderá ser feito ao final do passeio. Mas é sempre importante que, ao elaborarem uma programação, atentem aos horários propostos para começo e/ou término do roteiro, já que devem ser compatíveis com alguns dos horários a seguir:

- horários comuns das refeições na localidade ou dos locais de hospedagem dos turistas (antes ou após o passeio);①
- horário de algum meio de transporte importante na localidade e que impacte a chegada dos turistas para a realização do tour ou o retorno para suas hospedagens (primeiro ou último horário de ônibus, de trem, balsa, balsa agendada etc.);②
- check in e check out nos hotéis, visto que alguns desses percursos podem ser realizados no dia de chegada ou no dia de partida dos turistas.③

Também é importante que os roteiristas considerem que o turista, muito possivelmente, deseje realizar outra atividade antes ou depois do passeio e que este não pode inconvenientemente "ocupar o dia todo", apesar de durar somente poucas horas.

Do ponto de vista operacional, quando o roteiro possui duração curta, pode ser ofertada mais de uma saída desse mesmo roteiro no mesmo dia, o que permite maior giro na quantidade de clientes. Nesses casos, na maior parte das vezes uma saída ocorre logo pela manhã e o passeio tem duração até o horário do almoço, e a segunda saída, logo após o almoço, dura até o final da tarde.

Em casos excepcionais, nos quais os horários dos roteiros sejam norteados por questões externas e de força maior (como tábua das marés, passagem de cometa, aurora boreal ou outra condição extrema fora do controle dos organizadores) e em que não seja possível seguir o horário das refeições regulares, o organizador deverá negociar o horário de refeição com o meio de hospedagem (se os turistas fizerem parte de um grupo e estiverem todos hospedados no mesmo local) ou prever parada para refeição adequada assim que possível em algum meio de alimentação (se os turistas não tiverem hospedagem comum).

Os turistas que preferem os tours com saída pela manhã normalmente são passageiros "diurnos": aqueles que não realizam saídas noturnas ou as fazem esporadicamente e retornam ao hotel em horário conveniente. Esse grupo normalmente é formado por casais, idosos e famílias com crianças ou adolescentes. Dessa forma,

---

① EM ALGUNS LOCAIS, O HORÁRIO DE ALMOÇO É ÀS 11H30; EM OUTROS, ÀS 14 HORAS. CASO A PROGRAMAÇÃO NÃO SEJA COMPATÍVEL COM OS HORÁRIOS LOCAIS, CORRE-SE O RISCO DE PERDER CLIENTES EM RELAÇÃO À CONCORRÊNCIA NA HORA DA COMPRA, POR ISSO É IMPORTANTE FICAR ATENTO A ESSE DETALHE.

② É IMPORTANTE CHECAR A COMPATIBILIDADE DOS HORÁRIOS DE INÍCIO E TÉRMINO EM RELAÇÃO AOS PRINCIPAIS MEIOS DE TRANSPORTE LOCAIS, PARA SER POSSÍVEL ATENDER À MAIOR QUANTIDADE DE CLIENTES POSSÍVEL. CASO O TOUR TENHA UM HORÁRIO INCOMPATÍVEL COM O DE CHEGADA DE TRENS, POR EXEMPLO, HÁ RISCO DE QUE QUEIRAM FAZER O TOUR, MAS NÃO CONSIGAM CHEGAR A TEMPO.

③ MUITOS TOURS SÃO REALIZADOS EM PARCERIA COM OS MEIOS DE HOSPEDAGEM. O CLIENTE ENCERRA SUA CONTA NO HOTEL, DEIXA SUAS BAGAGENS NO MALEIRO E SAI PARA FAZER UM PASSEIO, SÓ RETORNANDO NO MEIO DO DIA OU NO FINAL DA TARDE PARA EFETUAR A SAÍDA DA CIDADE.

esse público prefere os roteiros com saídas pela manhã, para que possam aproveitar mais o restante do dia.

Os turistas que fazem saídas noturnas muitas vezes preferem passeios com saídas vespertinas, para assim poderem acordar um pouco mais tarde e não se sentirem cansados na programação da manhã. Esse grupo normalmente é formado por um público solteiro e mais jovem.

Os itinerários com saídas na parte da tarde precisam ainda considerar, para efeito de previsão de horários (e, até mesmo, de percurso), questões referentes ao trânsito e aos congestionamentos, mais comuns ao final do dia, pois podem ser de grande desconforto aos turistas e aos próprios organizadores.

ROTEIROS NOTURNOS

Os roteiros realizados no período noturno são em geral chamados de "by night". No ambiente urbano, normalmente têm cunho cultural, gastronômico e de entretenimento. Estamos falando de roteiros organizados para mostrar os monumentos, as cidades iluminadas, levar turistas a programações como jantares, teatros, espetáculos e shows. No ambiente rural, são elaborados para que os turistas realizem cavalgadas noturnas, observem as estrelas, assistam à aurora boreal e participem de roda de fogueira, entre outros atrativos peculiares a esses horários e mais bem visualizados na escuridão.

À noite, em geral, é realizada única saída no início da noite, em torno de 19 e 20 horas. Em altíssimas temporadas, podem ocorrer duas saídas à noite (neste caso, a segunda saída ocorre em torno de 22 horas).

TEMPO DE VISITAÇÃO DOS ATRATIVOS

Independentemente do tipo de produto que está sendo organizado, o tempo de visitação previsto para cada atrativo é um fator importante a ser levado em conta e difere conforme o atrativo, o público-alvo e a proposta do roteiro.

Mesmo nos roteiros livres, elaborados pelos próprios turistas ou sugeridos por revistas e sites de viagens, é importante que esse tempo seja considerado, caso contrário corre-se o risco de a programação se transformar em um amontoado de visitas absolutamente impossíveis de acontecer ou, quanto muito, meras "marcações de presença para fotos".

Basicamente, podemos considerar que existem três formas distintas na decisão sobre o tempo de visitação nos locais e atrativos dos roteiros: sem parada para visitação, com tempo de parada variável e com tempo de parada predefinido.

SEM PARADA PARA VISITAÇÃO/ SOMENTE PASSAGEM EXTERNA

Uma das maneiras de incluir um local/atrativo em um roteiro é fazer com que o turista, a pé ou em seu meio de transporte, passe em frente a determinado local (edifício, monumento, estátua, paisagem etc.), praticamente sem parada para visitação. Caso seja possível e necessário, pode haver uma breve redução de velocidade do veículo ao passar pelo atrativo, que servirá para que sejam transmitidas algumas informações sobre o local e a fim de que os turistas possam tirar suas fotos.

Há vários fatores a serem considerados na exposição de atrativos dessa forma. Um ponto positivo é poder incluir mais atrativos no roteiro, otimizando o tempo e deixando-o mais completo, mais robusto, o que pode eventualmente ter influência na compra do produto.

> A DECISÃO SOBRE A VISUALIZAÇÃO DO ATRATIVO SEM VISITAÇÃO DEVE LEVAR EM CONTA SUA RELEVÂNCIA PARA O ROTEIRO EM QUESTÃO; O VALOR DOS INGRESSOS (SE HOUVER); O TEMPO NECESSÁRIO PARA A VISITAÇÃO OU A VISUALIZAÇÃO, E ATÉ O TRAJETO PARA QUE O VEÍCULO POSSA PASSAR EM FRENTE AO ATRATIVO.

Como já mencionado, é importante ressaltar que alguns atrativos grandes, mesmo que sejam muito importantes e possuam hierarquias muito elevadas, são visualizados dessa forma (só de fachada), deixando para os turistas a decisão sobre visitá-los posteriormente em seu dia livre. Isso ocorre quando a visitação demanda muito tempo e/ou muito dinheiro e uma visita interna inviabilizaria o restante do percurso ou encareceria a viagem em demasia.

COM TEMPO DE PARADA PARA VISITAÇÃO PREDEFINIDO

Quando está prevista a parada para visitação de determinado atrativo, pode ser definido um tempo para tal. Nesse caso, a parada pode ou não incluir a entrada no atrativo.

A definição do tempo de visitação adequado e necessário para cada tipo de público em cada local é essencial para o bom andamento do roteiro. É preciso levar em conta, além do tempo médio necessário para a visitação, o tempo de demora no embarque e no desembarque de todos os integrantes do grupo no veículo ou meio de transporte utilizado.④

④ GRUPOS MAIORES, DE IDOSOS, COM DEFICIÊNCIAS OU NECESSIDADES ESPECÍFICAS PRECISAM DE MAIS TEMPO PARA ENTRAR E SAIR DOS LOCAIS.

> ADOTAR UM TEMPO PREDEFINIDO NAS VISITAÇÕES É UMA FORMA DE ORGANIZAÇÃO GERALMENTE ESCOLHIDA PARA ROTEIROS COMERCIALIZADOS E PARA GRUPOS NOS QUAIS NÃO É POSSÍVEL ATENDER ÀS OPINIÕES E VONTADES DE TODAS AS PESSOAS INDIVIDUALMENTE.

Deve-se considerar também que permanências e visitas muito curtas não permitem que o local seja apreciado de maneira adequada, deixando muitas vezes os turistas com a sensação de que "estamos sempre correndo de um lado para outro, subindo e descendo do ônibus", "entrando e saindo de hotéis", "não dá tempo de ver nada".

Além disso, muitas paradas de pouco tempo acabam por causar atrasos constantes, pelo fato de que vários passageiros não cumprem o horário de retorno por ainda estarem aproveitando a atração ou comprando algum suvenir. Isso acaba causando um efeito cascata, pois os turistas percebem que aquele que se atrasou aproveitou mais o lugar visitado do que aqueles que cumpriram o horário e acabaram esperando no ônibus. Se o roteiro possuir diversas visitas excessivamente curtas, o que acabará acontecendo é que um passageiro se atrasa na primeira visita; depois, dois na segunda; depois, três, e em pouco tempo quase todos os passageiros estarão se atrasando.

Mas o roteirista deve tomar cuidado para não cair na armadilha oposta, pois as visitações muito longas também não são indicadas quando pensamos em elaboração de roteiros. Ao contrário do que acontece nas visitações excessivamente curtas, a sensação que grande parte dos turistas tem quando a permanência é maior do que o necessário é de "tempo perdido" e impaciência. Os turistas começam a retornar muito antes do tempo estipulado para o ônibus, e logo começam a surgir reclamações. Além disso, visitações excessivamente longas acabam por impedir que um número maior de atrações seja incluído no roteiro, tornando-o cansativo, incompleto e superficial.

Como já vimos, o mundo dos roteiros é bastante complexo, e podemos ter produtos que consistem em um dia inteiro de visitação a um único atrativo. Normalmente isso acontece em roteiros compostos, com vários dias de duração, como as excursões e os circuitos. Nesses casos, estamos falando de atrativos turísticos de grande extensão e importância e os quais necessitam de muito tempo de visitação, como o Museu do Louvre, em Paris, que é imenso e cuja visita completa a seu acervo levaria mais de uma semana.

A definição do tempo de visitação ao atrativo depende de muitos fatores, mas é essencialmente uma equação entre as características e os interesses do público e as características do local. Cada local, em tese, possui um tempo mínimo de permanência para que possa ser aproveitado na íntegra.

COM TEMPO DE PARADA PARA VISITAÇÃO VARIÁVEL

Esta forma de organizar o tempo das visitações geralmente é escolhida para roteiros livres ou roteiros realizados de maneira privativa, nos quais é possível atender às necessidades e aos interesses de cada pessoa ou grupo de pessoas. Esse modelo permite que as paradas não sejam excessivamente curtas, pois a visita somente será encerrada quando todos os integrantes do grupo tiverem finalizado a visitação, nem excessivamente longas.

Nesses casos, alguns atrativos são visitados com mais profundidade, pois despertam o interesse dos turistas, e outros são visitados de maneira mais superficial. Normalmente, a variação do tempo de visitação se equilibra, e é possível satisfazer aos interesses de todos os participantes.

> NESTE MODELO, APESAR DA FLEXIBILIDADE DE TEMPO, É IMPORTANTE QUE A PERMANÊNCIA EM UM LOCAL NÃO SEJA EXCESSIVAMENTE LONGA, A PONTO DE IMPOSSIBILITAR A VISITA A OUTROS ATRATIVOS PREVISTOS E A CONCLUSÃO DO ROTEIRO A CONTENTO.

Caso o tour possua guia acompanhante, este deve monitorar o andamento do itinerário e das visitas e, caso seja necessário, estabelecer um tempo máximo para visitação aos locais.

DISTÂNCIAS E TEMPO DE DESLOCAMENTO

Ao organizarmos um roteiro, também é importante pensarmos na distância e no tempo de deslocamento que existe entre os atrativos. Há localidades em que é mais fácil trabalhar, pois os atrativos estão próximos e o deslocamento entre eles é facilitado. Mas há outras localidades nas quais as distâncias inviabilizam algumas visitações; ou seja, cada caso, cada roteiro é único e deve ser analisado e planejado individual e localmente.

Nesse quesito, podemos considerar três tipos: sem distância real, com distância fixa e sem distância fixa.

Quadro 6.1
Características dos diferentes tipos de distância entre atrativos.

Modalidades de distância entre os atrativos	Características	Exemplos
Sem distância real	Dois ou mais atrativos localizados de modo que seja possível visualizá-los e/ou visitá-los ao mesmo tempo, sem a necessidade de reembarcar no veículo, e cuja distância a pé é de poucos metros. Em poucos minutos, o turista consegue percorrê-los.	Os vários atrativos históricos em centros de cidades.
Com distância fixa	Dois ou mais atrativos fixos (museus, catedrais, ruas, hotéis, marcos, cachoeiras etc.) cuja visitação exige que o turista reembarque no veículo ou faça um grande deslocamento a pé para ir de um a outro.	A imensa maioria dos atrativos contemplados nos roteiros.
Sem distância fixa	Roteiros com atrativos em que ao menos um deles se movimenta.	Animais em um safári ou uma expedição, observação de pássaros ou baleias ou, ainda, a contemplação de acontecimentos naturais, como a pororoca e o cair da neve. Nesses casos, a distância não é fixa, pois não é possível saber exatamente onde será encontrado o próximo atrativo.

O tempo de deslocamento é também um fator a ser cuidadosamente verificado pelo roteirista. Os constantes avanços tecnológicos de nossa era, aliados ao excesso de informação, tornaram a necessidade de produção uma constante, e o tempo, um bem muito precioso. Isso também quer dizer que as pessoas estão cada vez menos dispostas a esperar. A impaciência é uma das maiores características de nossos dias, e isso afeta diretamente o comportamento das pessoas durante suas viagens. Mesmo em momentos de lazer, a maioria dos turistas não consegue diminuir seu ritmo de vida e se torna sedenta por uma sequência de locais a visitar e, consequentemente, filmar e fotografar. Para a maioria das pessoas (não todas, daí a necessidade de conhecer as características de seu público), aproveitar o tempo da melhor maneira possível muitas vezes quer dizer incluir em sua viagem muitas coisas a fazer e ver no menor tempo possível.

É importante pensar a organização de um roteiro de modo que ele não fique com muito tempo sem visualização ou visitação de novos atrativos. Distâncias muito longas entre os atrativos acabam por dispersar a atenção dos turistas e tornar o passeio desinteressante e cansativo.

Em caso de realmente existir uma distância muito grande entre os atrativos, pode ser interessante criar algo para captar a atenção dos turistas. Por exemplo, atividades de integração e recreação, informações históricas, orientações sobre procedimentos de segurança, músicas, filmes ou até mesmo lanches e refeições.

Se a ideia for permitir que os turistas descansem, é importante que saibam que essa é a intenção e que estão "fazendo algo" – descansando! –, para que não fiquem "sentindo falta" de alguma atividade durante o período.

Quando o roteiro conta com a presença de guia de turismo, a recreação, as informações e o descanso são de sua responsabilidade, pois é ele quem identifica as necessidades do grupo durante a viagem; porém, é importante que esse espaço de tempo esteja incluído previamente no percurso pelo roteirista, pensado de acordo com os objetivos da viagem e com seu público-alvo. Dessa forma, é interessante que o roteirista também conheça os pormenores do trabalho e da profissão de guia de turismo, assim como mantenha contato com alguns desses profissionais, para esclarecer dúvidas e minimizar as falhas.

Em relação ao tempo de deslocamento entre os atrativos, podemos usar os mesmos critérios utilizados no caso da distância: sem tempo real de deslocamento, com tempo fixo e com tempo variável.

Inicialmente, pode parecer que distância e tempo de deslocamento são a mesma coisa; porém, após a descrição, será possível notar que há sutis – mas importantes – diferenças entre os dois conceitos.

Quadro 6.2
Características dos diferentes tipos de tempo de deslocamento entre os atrativos.

Modalidades de tempo de deslocamento entre os atrativos	Características	Observações
Sem tempo de deslocamento	Dois ou mais atrativos passíveis de visitação de forma quase integrada, sem necessidade de retorno ao meio de transporte ou perda de tempo com grandes deslocamentos a pé para ir de um a outro.	Não há necessidade de providências e adaptações no roteiro.
Com tempo de deslocamento fixo	Dois ou mais atrativos que se localizam em áreas com pouco ou nenhum trânsito. Independentemente do dia ou do horário em que o percurso é realizado, o tempo de deslocamento varia pouco (uma variação de até 50% do tempo normal de percurso é aceitável em grandes cidades).	São aceitáveis deslocamentos que levem de 20 a 30 minutos entre um atrativo e outro, não havendo necessidade de grandes adaptações ou providências durante o roteiro – exceto em caso de city tour que precise mostrar diversos atrativos com intervalo de tempo muito menor.

(cont.)

Modalidades de tempo de deslocamento entre os atrativos	Características	Observações
Com tempo de deslocamento variável	Dois ou mais atrativos cujo tempo de deslocamento entre eles varia frequentemente em mais de 50% em razão de trânsito, condições das estradas e variação de maré, por exemplo.	Podem ser necessárias providências para evitar insatisfação do turista, nos mesmos moldes das aplicadas em distâncias muito grandes (ações que possam captar o interesse da pessoa). Essas atitudes devem ser tomadas apenas em caso de necessidade e de modo sutil, para o turista não percebê-las, caso contrário se sentirá ainda mais incomodado e impaciente.

Tanto as distâncias como o tempo de deslocamento são decisivos na escolha dos atrativos a incluir no roteiro e na forma como serão trabalhados: com parada e visitação, só visualização, antes este, depois aquele etc. Ao combinar a visitação dos atrativos, é preciso pensar na otimização do tempo, de acordo com as distâncias e os deslocamentos, sem, contudo, descaracterizar a proposta do roteiro.

Quando falamos em distância e tempo de deslocamento, precisamos pensar também nos roteiros entre cidades, cujo tempo de viagem costuma ser de horas em roteiros rodoviários, e as distâncias, muitas vezes enormes. Apesar de os trajetos rodoviários permitirem um maior aproveitamento da paisagem, diferentemente das rotas aéreas, nem todos os públicos estão dispostos a passar horas dentro de veículos só em deslocamentos.

PARADAS

Além das paradas determinadas nos atrativos, é preciso considerar necessidades eventuais de paradas programadas para momentos de descanso, compra de suvenires, alimentação não inclusa ou mesmo recreação, quando é reservado ao turista um tempo para atividades independentes. Esse tempo varia de acordo com cada roteiro ou trecho da viagem, o público-alvo e até o orçamento estipulado para o projeto.

Em roteiros rodoviários, mais do que paradas interessantes, há paradas necessárias, para descanso dos motoristas, movimentação dos passageiros, alimentação, necessidades e higiene, limpeza do banheiro do veículo ou mesmo do veículo, se necessário. Essas paradas costumam ocorrer após três a quatro horas de trajeto ininterrupto. A duração delas pode variar de vinte minutos a uma hora ou uma hora e meia, quando o horário coincide com uma das refeições principais do dia (almoço ou jantar).

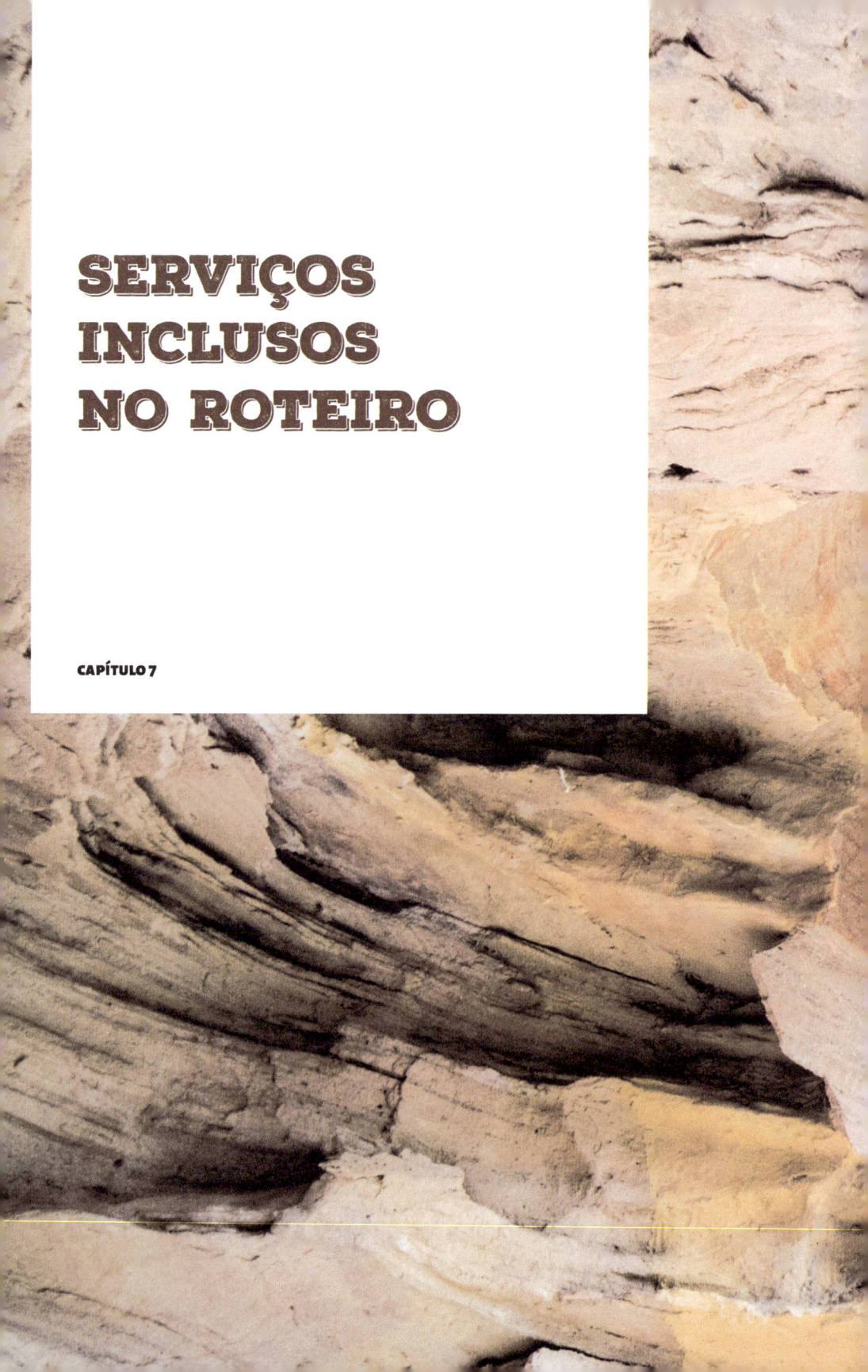

SERVIÇOS INCLUSOS NO ROTEIRO

CAPÍTULO 7

PINTURA RUPESTRE
NO PARQUE NACIONAL DA
SERRA DA CAPIVARA (BRASIL).

A definição do tempo de duração do roteiro e de quais serão os serviços inclusos é realizada praticamente em conjunto. Não há obrigatoriedade de inclusão de nenhum tipo de serviço nos roteiros, mesmo naqueles de longa duração, sejam eles serviços de alimentação, de acomodação ou de transporte. Também não há restrição para a inclusão da prestação de nenhum tipo de serviço nos roteiros. Roteiros utilizados como incentivo têm por característica incluir uma gama muito grande de mimos e serviços aos participantes, como forma de tornar a viagem "inesquecível".

A grande vantagem da elaboração de roteiros para grupos é justamente o poder de negociação que o roteirista possui com seus fornecedores. De modo geral, a melhor maneira de trabalhar é providenciar grande parte dos serviços "no atacado", rateá-los e incluí-los no custo do itinerário. Por comprar em grandes quantidades, as operadoras conseguem valores bem menores dos fornecedores do que aqueles que os turistas obteriam caso adquirissem os mesmos serviços individualmente. Essa prática costuma ser compensadora a todos os participantes: para os turistas, que recebem mais serviços por um custo mais baixo, para os fornecedores e para as companhias turísticas, que conseguem mais clientes para seus serviços, lucrando com o volume de passageiros.

O mais importante é que os turistas sejam previamente informados – e de maneira clara – da existência ou não de determinado serviço, a fim de calcularem os gastos totais da viagem e não serem pegos de surpresa em caso de não inclusão de algum item que considerem necessário. A publicidade enganosa, que induz o cliente ao erro, é prática ilegal prevista no Código de Defesa do Consumidor. Por esse motivo, sempre é bom deixar claros e explícitos os serviços inclusos e os não inclusos no roteiro comercializado.

O cálculo e a definição da inclusão ou não dos serviços são de responsabilidade do roteirista ao final da montagem. Alguns serviços podem ser considerados "indispensáveis". Um exemplo é a inclusão de um jantar no dia de um passeio cujo horário de chegada ao destino é incompatível com o horário dos restaurantes locais. Caso não seja feita essa reserva, os passageiros chegariam ao destino e não encontrariam opções adequadas de alimentação abertas ou disponíveis, o que lhes causaria muito incômodo. Outros serviços são dispensáveis, e outros ainda podem ser considerados mimos, acrescendo pouco no custo, mas elevando bastante o grau de satisfação dos clientes.

Os principais serviços passíveis de serem incluídos nos roteiros são acomodação, acompanhamento, alimentação, brindes/lembranças, ingressos, seguros, extras e transporte interno.

ACOMODAÇÃO

A inclusão ou não da acomodação depende principalmente do tempo de duração do roteiro que está sendo organizado. Para a acomodação podem ser disponibilizados chalés ou cabanas, apartamentos individuais, duplos, triplos, quádruplos, conjugados, ou somente a cama em apartamentos coletivos, com ou sem banheiro privativo.

Os meios de hospedagem utilizados também dependem do tipo de roteiro, das localidades visitadas e dos desejos e características da demanda. Há localidades em que a oferta de UH① é feita quase exclusivamente em pousadas; em outras, como zonas rurais, somente em hotéis fazenda. Geralmente, em grandes cidades há ampla diversidade de meios e estilos, como hotéis, apart-hotéis, pousadas, hostels etc.

Para a acomodação de grupos, vários fatores são levados em conta além das características da localidade e da demanda. Consideram-se também a localização do meio de hospedagem, o preço, o prazo para definição da reserva (dead line) e a garantia de no show.②

As características da demanda são fundamentais em qualquer decisão, e na escolha da acomodação não é diferente. Em localidades com disponibilidade de meios de hospedagem com características distintas, o roteirista tem a opção de escolher resorts para famílias, hostels para grupos de jovens ou solteiros, hotéis com poucos serviços de lazer e alguns de relaxamento e bar para grupos de executivos ou de eventos, e assim por diante.

---

① UH REFERE-SE A UNIDADE HABITACIONAL, TERMO TÉCNICO UTILIZADO EM HOTELARIA PARA QUARTOS, HABITAÇÕES.

② NO SHOW É A EXPRESSÃO EMPREGADA EM TURISMO PARA IDENTIFICAR O NÃO COMPARECIMENTO DO CLIENTE AO SERVIÇO RESERVADO. NO CASO DE SERVIÇO AÉREO, OCORRE QUANDO O PASSAGEIRO NÃO COMPARECE AO EMBARQUE PARA O VOO. NO CASO DE MEIOS DE HOSPEDAGEM, É UTILIZADA EM SITUAÇÕES NAS QUAIS O HÓSPEDE OU O GRUPO NÃO APARECEM NA DATA MARCADA PARA OCUPAR AS UH RESERVADAS. A GARANTIA DE NO SHOW É UMA PRÁTICA COMUM ESTABELECIDA ENTRE O MEIO DE HOSPEDAGEM E O CLIENTE, SEJA ELE INDIVIDUAL OU EMPRESA. É EXIGIDA A GARANTIA DE PAGAMENTO DE UMA OU MAIS DIÁRIAS, A FIM DE MINIMIZAR O PREJUÍZO DO MEIO DE HOSPEDAGEM EM RAZÃO DO CANCELAMENTO DO SERVIÇO RESERVADO.

> A LOCALIZAÇÃO DO MEIO DE HOSPEDAGEM É UM FATOR IMPORTANTE QUANDO ESTÁ CONSIDERAVELMENTE DISTANTE DOS PRINCIPAIS ATRATIVOS E ISSO, DE ALGUMA FORMA, ATRAPALHA OU DIFICULTA O ANDAMENTO DO ROTEIRO. NESSE CASO, GERALMENTE O ROTEIRISTA OPTA POR UM MEIO DE HOSPEDAGEM MAIS PRÓXIMO, A NÃO SER QUE A QUESTÃO FINANCEIRA E A QUALIDADE DO HOTEL (EM CONJUNTO) SEJAM SIGNIFICATIVAS.

O preço costuma ser um fator muito importante na escolha de um meio de hospedagem para grupos, pois pode alterar consideravelmente a margem de lucro do produto. Entretanto o prazo para o pagamento da reserva que o meio de hospedagem passa ao operador muitas vezes também é um fator decisivo. Vamos supor que o roteirista tenha conseguido um bom preço para a reserva de determinado grupo, porém para manter esse preço o hotel está exigindo que seja realizado o pagamento da reserva logo em seguida. Talvez a agência/operadora não tenha tempo de vender uma quantidade de passageiros suficiente em tão pouco tempo para cobrir e garantir os custos da viagem. Dessa forma, pode acontecer de a empresa optar por uma hospedagem um pouco mais cara, mas que ofereça um prazo maior para o pagamento.

No caso de roteiros feitos sob medida (forfaits), pode ser que o cliente prefira ficar responsável por providenciar a hospedagem, utilizando sistemas tradicionais ou alternativos, como time sharing,③ Airbnb,④ aluguel de casas de temporada e hospedagem em casa de amigos ou parentes, entre outros.

③ SISTEMA DE COTAS EM HOTÉIS ADQUIRIDAS PELO CLIENTE PARA UTILIZAÇÃO DURANTE ALGUNS PERÍODOS NO ANO PRÉ-PROGRAMADOS, EM DIFERENTES MEIOS DE HOSPEDAGEM.

④ SITE QUE OFERECE QUARTOS, APARTAMENTOS OU CASAS PARA ALUGAR.

ACOMPANHAMENTO

A inclusão ou não de acompanhamento durante o roteiro depende muito do tipo de produto desenvolvido e de sua duração. Por acompanhamento entende-se que o roteiro será realizado integral ou parcialmente com a presença de um guia de turismo.

- **Acompanhamento integral:** o guia de turismo estará com os turistas do primeiro ao último dia do roteiro. Nesses casos, geralmente o guia pernoita no mesmo meio de hospedagem que o turista ou grupo.
- **Acompanhamento parcial:** o guia de turismo estará com os clientes somente em parte da programação total, como uma visita, um roteiro, um passeio. Nesse caso, a programação do restante dos dias pode ser livre (por conta do passageiro) ou cada dia contando com o acompanhamento de um guia diferente.

Embora a presença do guia de turismo não seja obrigatória, o Ministério do Turismo no Brasil afirma que é ideal a participação desse profissional em viagens estaduais ou interestaduais e em visitas técnicas acadêmicas (Ministério do Turismo, 2019).

> A FUNÇÃO DO GUIA É MUITO MAIS IMPORTANTE DO QUE SIMPLESMENTE A DE PASSAR INFORMAÇÕES DURANTE AS VIAGENS. ELE É RESPONSÁVEL PELO BEM-ESTAR DOS TURISTAS, PELO APOIO EM CASO DE ALGUMA NECESSIDADE EXTRA E EM CASO DE ALGUMA EMERGÊNCIA, PRINCIPALMENTE EM ROTEIROS MAIS LONGOS E INTERNACIONAIS.

Conforme o tipo de roteiro, há guias de turismo com habilitações e qualificações específicas, como guias internacionais, nacionais, regionais, habilitados para ambientes naturais, culturais, de caverna, e assim por diante; dessa forma, é importante conhecer as diferentes características e habilidades, para poder decidir pela contratação do profissional correto, que, além de cuidar do grupo, enriquecerá o roteiro com seus conhecimentos e habilidades (CHIMENTI; TAVARES, 2007).

Além das habilitações específicas, os guias de turismo possuem características pessoais próprias e experiência para determinados perfis de turistas. Há guias que têm mais facilidade para trabalhar com grupos de idosos; outros, com o público adolescente, por exemplo. Há ainda guias especializados por tipo de roteiro, região, assunto, e é importante contratar o mais capacitado para cada produto.

ALIMENTAÇÃO

A alimentação durante os roteiros turísticos pode ser oferecida das mais diversas maneiras, podendo variar conforme abaixo:

- nenhum tipo de comida ou bebida incluído;
- somente água durante os passeios;
- somente água, café preto ou suco durante os trajetos;
- lanches e bebidas durante os passeios;
- somente café da manhã nos hotéis;
- meia pensão: café da manhã + 1 refeição (almoço ou jantar), com ou sem bebidas;
- pensão completa: café da manhã, almoço e jantar (bebidas pagas à parte);
- all inclusive (tudo incluído): todas as refeições e bebidas;
- refeições esporádicas.

A alimentação é um item importante a ser considerado durante a escolha dos serviços de um roteiro. Não incluir nenhum tipo de alimentação pode parecer tentador, pela redução de custos que inicialmente teria influência no ato da compra do produto final; entretanto, no caso de roteiros mais longos, essa lógica se inverte, e isso pode ser considerado um empecilho pelos clientes que percebem que precisarão providenciar todas as refeições individualmente a um custo muito mais elevado (pois, como dissemos, as refeições compradas e reservadas para grupos tendem a ser bem mais baratas).

Da mesma forma, incluir todas as refeições em geral também não é indicado, pois os clientes se sentem presos e incomodados pela obrigação de fazer as refeições nos locais escolhidos pelos roteiristas. O ideal é balancear a quantidade de refeições e itens de alimentação, incluindo no roteiro aquelas que são mais necessárias e convenientes e deixando outras refeições livres, para que os turistas tenham liberdade de escolha.

Para isso, considere, principalmente:

- os horários de chegada e saída das programações (garantindo que o restaurante permaneça aberto até a chegada do grupo ou abra mais cedo para o café da manhã);
- as refeições nos locais com menos opções de restaurante e maiores problemas com longas esperas (efetuar reservas prévias);
- lanches durante passeios de lancha, safári, balão, trilhas ou similares com longos percursos e nos quais não haja possibilidade de paradas.

BRINDES/ LEMBRANÇAS

A inclusão de brindes e lembranças é sempre algo sutil, porém de valor emocional muito elevado para o cliente. Um boné, uma camiseta, um squeeze, uma mochila, uma sacola, um chinelo, um bombom, qualquer coisa pode agregar valor a uma viagem. Independentemente do que possa ser oferecido, os brindes fazem com que a marca da empresa e o roteiro fiquem por mais tempo na memória dos clientes. Aqueles que efetivamente destacam a marca (como os produtos nos quais é gravado o logotipo), além de identificar os turistas ao seu guia durante o roteiro, têm efeito publicitário.

A inclusão de brindes e lembranças deve ser considerada desde o início da elaboração do roteiro, pois seu custo precisa constar da planilha de cálculo, assim como é necessário haver tempo hábil para a fabricação dos produtos, se for o caso.

INGRESSOS

Muitos roteiros, principalmente as excursões "bate e volta" de um único dia, são organizados permitindo a uma grande quantidade de pessoas a participação em shows, espetáculos e jogos. Esse tipo de serviço também é incluído nos roteiros para a visitação a congressos, museus e alguns tipos de atração.

A inclusão ou não do ingresso para determinado atrativo no roteiro há de ser estudada caso a caso, pois, embora de um modo geral o valor encareça consideravelmente o preço do produto final, muitas vezes o roteiro sem esse serviço não faz sentido, visto que o motivo principal da viagem é a visita a tal atrativo. Como exemplo, podemos citar os parques da Disney, Legoland ou Beto Carrero. O que pode ser feito para reduzir um pouco o custo final é a escolha de um pacote de ingressos mais barato e conseguir, sempre, negociar com os fornecedores valores para grupos.

No caso de roteiros que possuam passagem por diversos atrativos que não sejam necessariamente relevantes, normalmente os roteiristas optam por não incluir os custos dos ingressos, organizando o roteiro de modo que a visitação seja opcional para os turistas que assim desejarem. Durante o período de visitação, os outros turistas têm alguma outra atividade ou tempo livre.

SEGUROS

Os seguros de viagem são serviços bastante antigos e variados. Existem atualmente diversas seguradoras que oferecem produtos vinculados ao setor de viagens (por exemplo, de bagagem, de saúde, assistência médica, assistência jurídica, assistência funeral).

> EM GERAL, A COMPRA DO SEGURO DE VIAGEM É DE RESPONSABILIDADE EXCLUSIVA DO PASSAGEIRO, MAS EM ALGUNS CASOS PODE SER INTERESSANTE TAMBÉM PARA O ORGANIZADOR DO ROTEIRO, PRINCIPALMENTE QUANDO EXISTEM RISCOS MAIS IMINENTES DE ACIDENTES E QUE PODEM TRAZER PROCESSOS JUDICIAIS PARA OS AGENTES E OPERADORES.

A compra de uma apólice coletiva pode ser mais completa e, ao mesmo tempo, mais barata, além de evitar, em caso de acidentes, processos judiciais e pedidos de indenização que poderiam causar até mesmo a falência da empresa que comercializa o roteiro.

É comum encontrar seguros contra acidentes inclusos principalmente em roteiros de turismo de aventura ou em áreas naturais. A sugestão para inclusão desse serviço no produto cabe ao roteirista, pois é ele quem identifica os riscos ao elaborar o roteiro.

Vale ressaltar que esses seguros, contratados à parte ou inclusos nos roteiros de viagem, não têm nada a ver com o Seguro de Danos Pessoais Causados por Veículos Automotores de Vias Terrestres (DPVAT), tampouco com o Seguro de Responsabilidade Civil.

SERVIÇOS EXTRAS

Por serviços extras podemos entender todos aqueles itens que, embora não sejam básicos para o roteiro existir, podem fazer toda a diferença na satisfação do cliente. Muitas vezes, são produtos de luxo; outras, são aqueles itens simples que os turistas não colocam na bagagem por esquecimento e excelentes para serem providenciados/cedidos/emprestados sem causar constrangimentos.

Obviamente, todos os serviços e itens possuem custos/preços, que precisam ser devidamente considerados na planilha de custos, para que sejam incluídos ou cortados do produto final. Nem sempre esses serviços e itens precisam ser incluídos gratuitamente para todos os passageiros. Alguns podem fazer parte apenas dos roteiros de passageiros VIP; outros, mediante pagamento de taxas extras, e alguns podem ser cortesia.

Como exemplo, podem-se considerar serviços extras (caso sejam interessantes ao tipo de produto elaborado):

- coquetel de boas-vindas;
- cupom de descontos para lojas e outros atrativos;
- empréstimo de bastão de caminhada, equipamento de mergulho, de esqui ou de outros esportes;
- empréstimo de telefones celulares;
- wi-fi gratuita no transporte;
- carregadores de malas;
- sessão de fotos;
- sessão de massagem;
- palestras, aulas e orientações;
- baby sitter;
- carro de apoio;
- guarda-volumes;
- capas e guarda-chuvas;

- itens de perfumaria e farmácia: repelentes, protetores solares, cremes hidratantes, escova de dente/creme dental, sabonete, xampu, lenços;
- itens de banho: chapéu, toalha, chinelo etc.

TRANSPORTE INTERNO

Alguns roteiros, de acordo com suas características, possuem trechos internos de transporte que podem ou não ser deixados a critério de cada um dos passageiros, para realização de acordo com suas preferências.

Alguns exemplos de transporte interno deixado a critério dos passageiros são permitir que eles retornem livremente à hospedagem ao final de um espetáculo ou passeio (como praia) e que encerrem um passeio em um centro comercial. Dessa forma, cada um dos passageiros retorna a seu tempo, aproveitando ao máximo a programação.

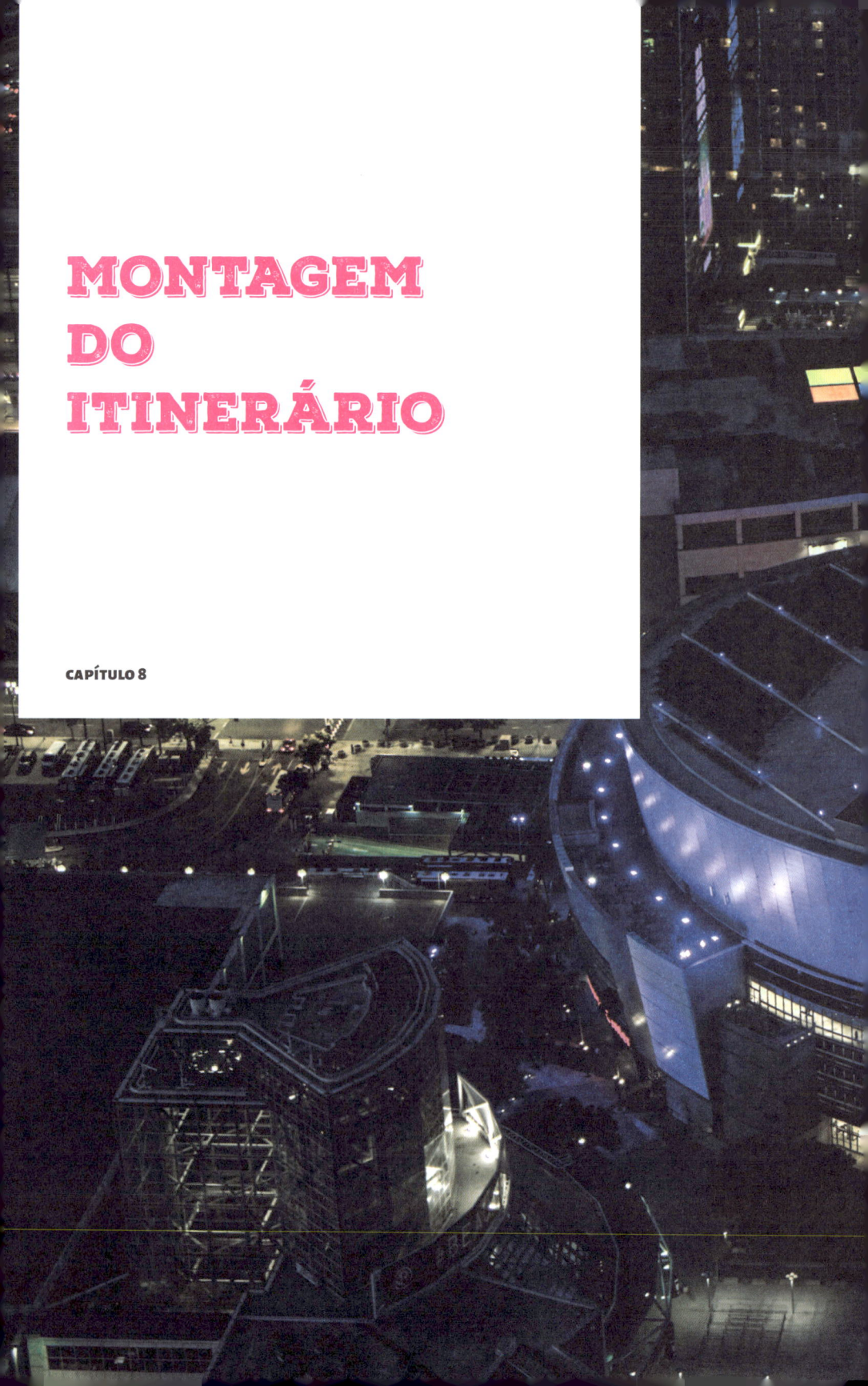

MONTAGEM DO ITINERÁRIO

CAPÍTULO 8

STAPLES CENTER, ARENA EM QUE JOGAM OS TIMES DE BASQUETE LOS ANGELES LAKERS E LOS ANGELES CLIPPERS (ESTADOS UNIDOS).

Vimos até agora o que são roteiros, seus componentes e diversas questões necessárias ao entendimento da estrutura pertinente ao "mundo" dos roteiros turísticos, suas nomenclaturas, os formatos, os meios de locomoção, a hierarquia e a escolha de atrativos, a definição de objetivos, o público-alvo, os serviços inclusos, entre outros temas.

Chega então a hora de elaborar o itinerário propriamente dito, ou seja, definir a ordem de visitação dos atrativos e os trajetos a serem percorridos. Na estruturação de roteiros, todos os aspectos são relevantes e, de um modo geral, interligados. Muitas vezes, uma simples alteração em um desses aspectos tem impacto em diversos outros. Dessa forma, estudar cada um de seus componentes e como o roteirista pode trabalhá-los é necessário e importante. Devemos analisar todas as variantes para decidir o melhor caminho a seguir até o lançamento do produto final.

O processo de montagem é dinâmico. Em alguns casos, um roteiro pode levar poucos dias para ficar pronto; em outros, dependendo da complexidade, dos entraves e das questões burocráticas, podem passar anos até sua completa estruturação e a possível implantação comercial.

Nem sempre é possível elaborar um roteiro "perfeito", mas, sim, é possível construir um roteiro de sucesso. Embora pareçam produtos simples e fáceis de serem formatados, como já vimos há uma enorme quantidade de detalhes que os compõem, e, por causa desses detalhes, atingir a perfeição talvez seja algo praticamente impossível. É fundamental, portanto, compreender as etapas, o planejamento, a execução, a importância e a necessidade, a fim de elaborar um roteiro consistente e com grandes chances de sucesso.

Ao iniciarmos a estruturação e a montagem de um itinerário, é importante ter em mente/mãos e bem definidos alguns dos itens a seguir (recordaremos os itens que já foram vistos nos capítulos anteriores). Quanto mais itens já estiverem definidos, mais fácil se tornará o processo de montagem da programação.

- **Agente organizador do roteiro.** Quem é a pessoa ou entidade responsável pela organização do roteiro? Quem está idealizando e percebendo a necessidade da criação do produto? Quem contrata o roteirista para a execução do projeto?

- **Objetivo(s) do roteiro.** Qual é o objetivo do agente organizador com a elaboração desse roteiro? O que ele pretende? Elaborar um roteiro para mostrar aspectos históricos da cidade? Aumentar o consumo em determinados estabelecimentos comerciais relevantes? Controlar o fluxo em uma área de preservação? Oferecer uma opção de entretenimento para o público de determinado estabelecimento? Descentralizar o fluxo de turistas de determinado polo receptor? Diluir a demanda existente entre alta e baixa temporada?

- **Roteiro e espaço.** Qual é a relação do roteiro com o espaço em que estará inserido? O roteirista pode alterar as características do espaço no qual o roteiro será realizado? Pode propor e realizar mudanças de curto, médio e longo prazos para que o programa funcione a contento ou tem que se adaptar àquilo que encontrar e arrumar suas próprias soluções temporárias?

- **Público-alvo/demanda prioritária e suas principais características.** O roteiro terá caráter geral, sem demanda específica, ou haverá algum tipo de segmentação? De que forma a programação será adaptada para atender às necessidades da demanda conforme suas características de faixa etária; sexo/gênero; condição física; etnia/local de origem?

- **Temática do roteiro.** Haverá alguma temática específica? (Por exemplo, arquitetura na Roma antiga ou medieval; arte bizantina; Gaudí em Barcelona; Harry Potter; locais mal-assombrados; entretenimento para famílias com crianças pequenas.) Ou o roteiro terá um tema geral, definido pelo objetivo estabelecido?

- **Composição do grupo de participação.** O roteiro será montado para um grupo específico previamente conhecido ou para grupos mistos com livre comercialização?

- **Abrangência territorial.** Qual a abrangência territorial que, a princípio, essa programação terá? Está previsto para ser um roteiro em um único atrativo? Em um único município? Uma excursão passando por dois estados? Um circuito internacional? Essa abrangência precisa ser previamente estipulada para que se defina qual a área de levantamento de dados sobre os atrativos e características da região.

- **Ambientação predominante.** Por onde será realizado esse roteiro? Em ambiente natural, será uma trilha ou um rally? Em ambiente rural? Ou será um roteiro urbano? Ou mesmo em um ambiente misto, em que parte dele é feita na natureza, e a outra parte, na cidade?

- **Tempo de duração previsto aproximado, período ou horário de realização.** O roteiro tem previsão de duração de uma semana, um dia ou apenas algumas horas? Neste caso, será diurno ou noturno?

- **Estrutura do roteiro.** O que está sendo elaborado é um roteiro regular? Um roteiro hop on hop off? Ou um roteiro sob medida?

- **Formato do roteiro.** O roteiro tem previsão de ser linear (usado como ida para a viagem?), semicircular (começo e término em locais próximos, mas não idênticos) ou circular (começo e término no mesmo local)?

- **Meio de locomoção a ser utilizado.** O meio de transporte previsto pode seguramente ser utilizado na ambientação escolhida e tem acessibilidade adequada no local de saída e término do roteiro?

- **Local de saída e término (previstos).** Os locais inicialmente previstos para saída e término são adequados e possuem boa acessibilidade, centralidade e visibilidade? Além disso, contam com outras estruturas de apoio, como sanitários, áreas de descanso, segurança, telefonia etc.?

- **Banco de dados sobre atrativos disponíveis (já hierarquizados).** Um banco de dados completo e bem-feito é uma das chaves para a confecção de um bom roteiro. Quanto mais informações sobre os locais e suas características de visitação, maiores as chances de organizar a visitação de maneira correta. É muito importante que haja informações sobre a questão da "terminalidade" de cada um dos locais, assim como manter o banco de dados atualizado.

- **Serviços inclusos.** Alguns serviços inclusos de caráter essencial já devem estar na mente do roteirista, como é o caso das acomodações. Refeições, guia de turismo e outros serviços podem ser incluídos ou excluídos posteriormente, no momento da elaboração da planilha de custos e dependendo da negociação obtida com os fornecedores.

Todas as etapas de montagem são importantes e, em geral, necessárias, no entanto cada roteiro é único e não há uma regra, nem para a ordenação, nem para sua execução; ou seja, pode ser que alguma etapa da elaboração seja considerada desnecessária para um roteiro, e para outro pode ser necessário aglutinar etapas ou desmembrá-las conforme a necessidade.

Não há exatamente uma ordem a seguir quando se pensa na elaboração de um roteiro. Por vezes, alguns aspectos são mais relevantes que outros, dependendo do produto a ser criado. Alguns não seguem uma ordem de criação, tampouco precisam passar por todas as fases (por exemplo, roteiros sob medida, roteiros livres, roteiros elaborados pelos próprios turistas, entre outros). Alguns casos são intuitivos, e outros são minuciosa e exaustivamente estudados em detalhes.

> PARA O PROCESSO DE ELABORAÇÃO DE UM ROTEIRO E VISUALIZAÇÃO ESPACIAL DE TODO O TERRITÓRIO ENVOLVIDO, INDICAMOS FORTEMENTE A UTILIZAÇÃO DE MAPAS — FÍSICOS OU VIRTUAIS — DA(S) LOCALIDADE(S). O ROTEIRISTA DEVE ESCOLHER A FORMA COM A QUAL SE SINTA MELHOR PARA TRABALHAR.

FLUXOGRAMAS PARA ELABORAÇÃO DE ROTEIROS

A seguir apresentamos algumas sugestões de fluxograma para elaboração de roteiros distintos. Conforme dito anteriormente, a ordem das tarefas depende muito do tipo de roteiro, dos objetivos, da forma de trabalhar de cada roteirista, de vários outros fatores; os exemplos podem nortear o roteirista na elaboração de seu próprio fluxograma.

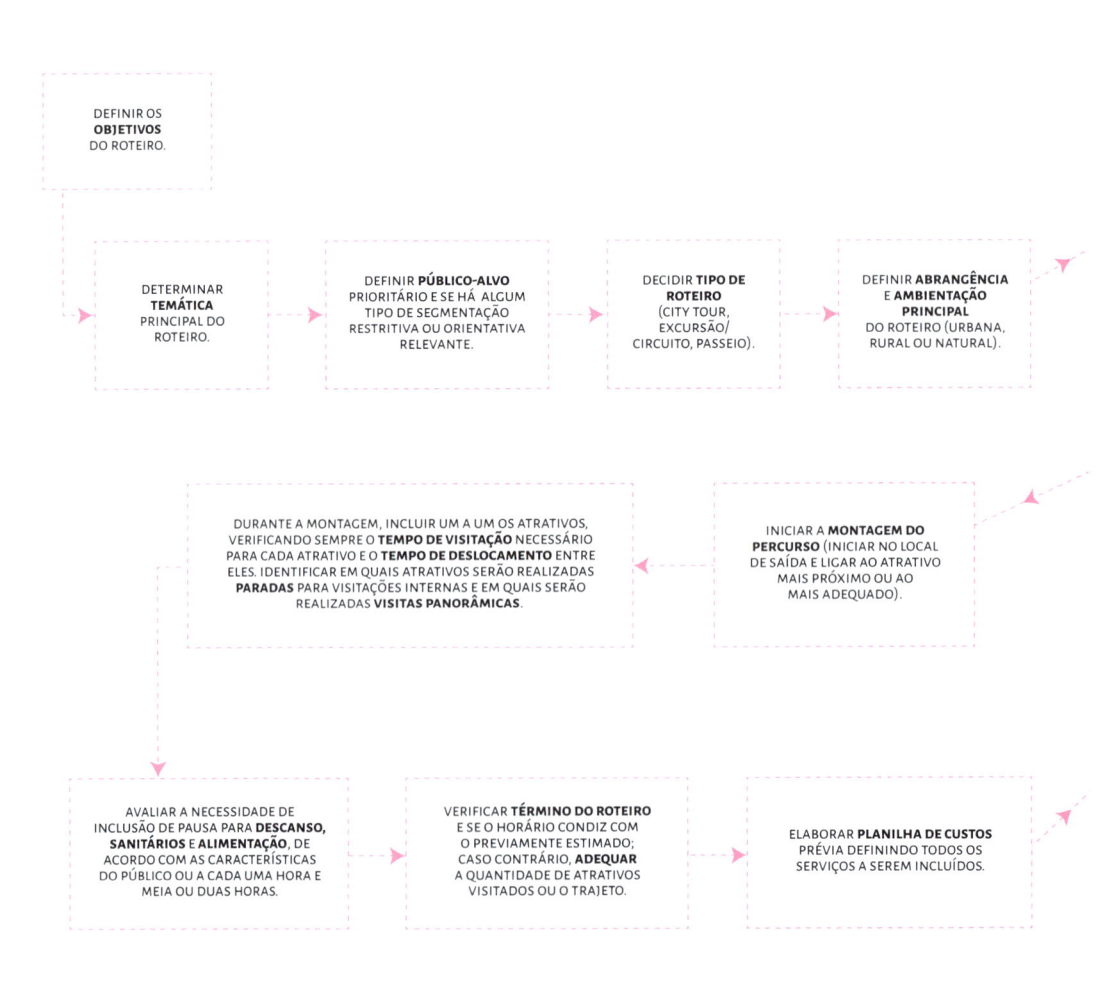

DEFINIR OS **OBJETIVOS** DO ROTEIRO.

↓

DETERMINAR **TEMÁTICA** PRINCIPAL DO ROTEIRO.

→

DEFINIR **PÚBLICO-ALVO** PRIORITÁRIO E SE HÁ ALGUM TIPO DE SEGMENTAÇÃO RESTRITIVA OU ORIENTATIVA RELEVANTE.

→

DECIDIR **TIPO DE ROTEIRO** (CITY TOUR, EXCURSÃO/ CIRCUITO, PASSEIO).

→

DEFINIR **ABRANGÊNCIA** E **AMBIENTAÇÃO PRINCIPAL** DO ROTEIRO (URBANA, RURAL OU NATURAL).

↓

INICIAR A **MONTAGEM DO PERCURSO** (INICIAR NO LOCAL DE SAÍDA E LIGAR AO ATRATIVO MAIS PRÓXIMO OU AO MAIS ADEQUADO).

←

DURANTE A MONTAGEM, INCLUIR UM A UM OS ATRATIVOS, VERIFICANDO SEMPRE O **TEMPO DE VISITAÇÃO** NECESSÁRIO PARA CADA ATRATIVO E O **TEMPO DE DESLOCAMENTO** ENTRE ELES. IDENTIFICAR EM QUAIS ATRATIVOS SERÃO REALIZADAS **PARADAS** PARA VISITAÇÕES INTERNAS E EM QUAIS SERÃO REALIZADAS **VISITAS PANORÂMICAS**.

↓

AVALIAR A NECESSIDADE DE INCLUSÃO DE PAUSA PARA **DESCANSO, SANITÁRIOS** E **ALIMENTAÇÃO**, DE ACORDO COM AS CARACTERÍSTICAS DO PÚBLICO OU A CADA UMA HORA E MEIA OU DUAS HORAS.

→

VERIFICAR **TÉRMINO DO ROTEIRO** E SE O HORÁRIO CONDIZ COM O PREVIAMENTE ESTIMADO; CASO CONTRÁRIO, **ADEQUAR** A QUANTIDADE DE ATRATIVOS VISITADOS OU O TRAJETO.

→

ELABORAR **PLANILHA DE CUSTOS** PRÉVIA DEFININDO TODOS OS SERVIÇOS A SEREM INCLUÍDOS.

FLUXOGRAMA 1

TIPO DE ROTEIRO: PRESTAÇÃO DE SERVIÇOS, PRÓPRIO PARA COMERCIALIZAÇÃO.

CARACTERÍSTICAS: SEM POSSIBILIDADE DE ALTERAÇÃO OU ADAPTAÇÃO NOS ESPAÇOS VISITADOS.

EXEMPLOS DE APLICAÇÃO: ROTEIROS RODOVIÁRIOS, TRILHAS, CITY TOURS, PASSEIOS DIVERSOS ETC.

AGENTES ORGANIZADORES: AGÊNCIA, OPERADORA E OUTROS AGENTES COMERCIAIS.

OBSERVAÇÕES: EM CASO DE ROTEIROS MAIS COMPLEXOS, CONFORME A ABRANGÊNCIA E A DURAÇÃO (COM VÁRIOS PERNOITES), PODE SER NECESSÁRIO REPETIR O PROCESSO PARA CADA UMA DAS PARTES DO ROTEIRO, CONSIDERANDO UM ROTEIRO INDIVIDUAL CADA DIA QUE SE INICIA EM UM PRODUTO MAIOR, MAIS AMPLO.

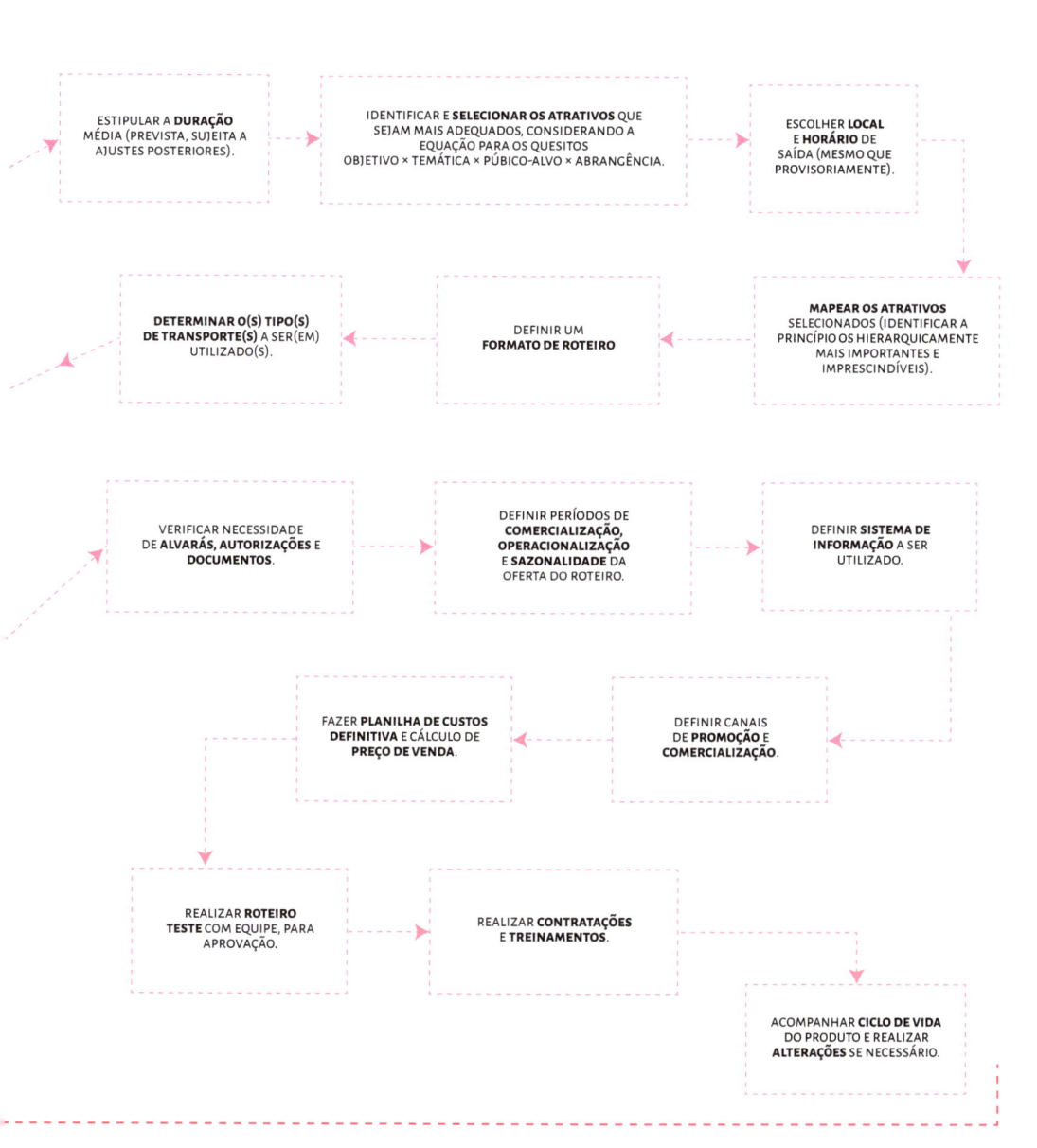

- ESTIPULAR A **DURAÇÃO MÉDIA** (PREVISTA, SUJEITA A AJUSTES POSTERIORES).
- IDENTIFICAR E **SELECIONAR OS ATRATIVOS** QUE SEJAM MAIS ADEQUADOS, CONSIDERANDO A EQUAÇÃO PARA OS QUESITOS OBJETIVO × TEMÁTICA × PÚBLICO-ALVO × ABRANGÊNCIA.
- ESCOLHER **LOCAL** E **HORÁRIO** DE SAÍDA (MESMO QUE PROVISORIAMENTE).
- **MAPEAR OS ATRATIVOS** SELECIONADOS (IDENTIFICAR A PRINCÍPIO OS HIERARQUICAMENTE MAIS IMPORTANTES E IMPRESCINDÍVEIS).
- DEFINIR UM **FORMATO DE ROTEIRO**.
- **DETERMINAR O(S) TIPO(S) DE TRANSPORTE(S)** A SER(EM) UTILIZADO(S).
- VERIFICAR NECESSIDADE DE **ALVARÁS, AUTORIZAÇÕES** E **DOCUMENTOS**.
- DEFINIR PERÍODOS DE **COMERCIALIZAÇÃO, OPERACIONALIZAÇÃO** E **SAZONALIDADE** DA OFERTA DO ROTEIRO.
- DEFINIR **SISTEMA DE INFORMAÇÃO** A SER UTILIZADO.
- DEFINIR CANAIS DE **PROMOÇÃO** E **COMERCIALIZAÇÃO**.
- FAZER **PLANILHA DE CUSTOS DEFINITIVA** E CÁLCULO DE **PREÇO DE VENDA**.
- REALIZAR **ROTEIRO TESTE** COM EQUIPE, PARA APROVAÇÃO.
- REALIZAR **CONTRATAÇÕES** E **TREINAMENTOS**.
- ACOMPANHAR **CICLO DE VIDA** DO PRODUTO E REALIZAR **ALTERAÇÕES** SE NECESSÁRIO.

TIPO DE ROTEIRO: VISITAÇÃO A UM ATRATIVO ÚNICO.

CARACTERÍSTICAS: POSSIBILIDADE E CERTA AUTONOMIA PARA REALIZAR ALGUMAS ALTERAÇÕES OU ADAPTAÇÕES NO ESPAÇO.

EXEMPLOS DE APLICAÇÃO: MUSEU, EXPOSIÇÃO, PARQUE, IGREJA, MONUMENTO, EDIFÍCIO, RECINTO, FÁBRICA ETC.

AGENTES ORGANIZADORES: GESTORES DE EMPREENDIMENTOS TURÍSTICOS, EMPRESAS, ÓRGÃOS PÚBLICOS QUE ESTEJAM ADMINISTRANDO ATRATIVOS.

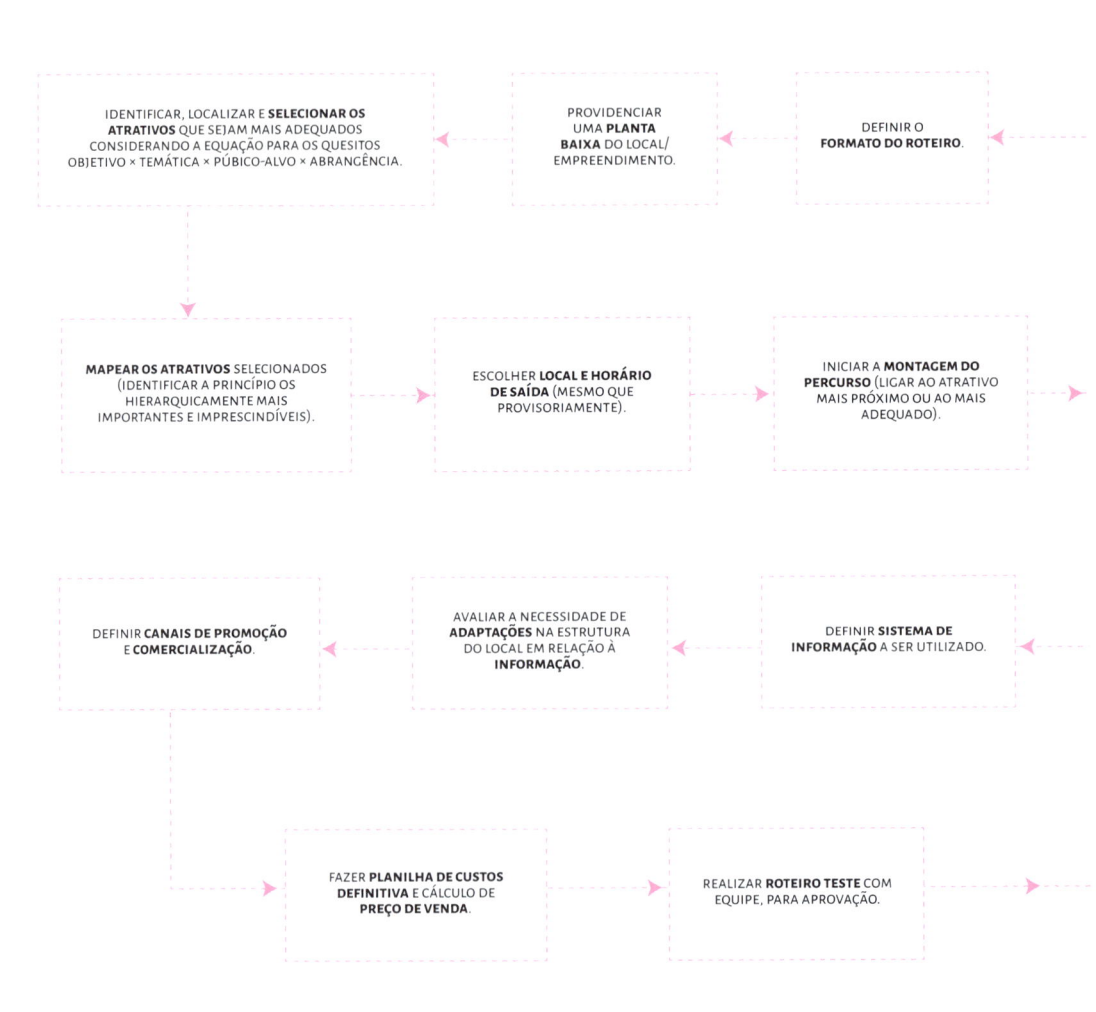

IDENTIFICAR, LOCALIZAR E **SELECIONAR OS ATRATIVOS** QUE SEJAM MAIS ADEQUADOS CONSIDERANDO A EQUAÇÃO PARA OS QUESITOS OBJETIVO × TEMÁTICA × PÚBICO-ALVO × ABRANGÊNCIA. ← PROVIDENCIAR UMA **PLANTA BAIXA** DO LOCAL/EMPREENDIMENTO. ← DEFINIR O **FORMATO DO ROTEIRO**.

↓

MAPEAR OS ATRATIVOS SELECIONADOS (IDENTIFICAR A PRINCÍPIO OS HIERARQUICAMENTE MAIS IMPORTANTES E IMPRESCINDÍVEIS). → ESCOLHER **LOCAL E HORÁRIO DE SAÍDA** (MESMO QUE PROVISORIAMENTE). → INICIAR A **MONTAGEM DO PERCURSO** (LIGAR AO ATRATIVO MAIS PRÓXIMO OU AO MAIS ADEQUADO). →

DEFINIR **CANAIS DE PROMOÇÃO** E **COMERCIALIZAÇÃO**. ← AVALIAR A NECESSIDADE DE **ADAPTAÇÕES** NA ESTRUTURA DO LOCAL EM RELAÇÃO À **INFORMAÇÃO**. ← DEFINIR **SISTEMA DE INFORMAÇÃO** A SER UTILIZADO.

↓

FAZER **PLANILHA DE CUSTOS DEFINITIVA** E CÁLCULO DE **PREÇO DE VENDA**. → REALIZAR **ROTEIRO TESTE** COM EQUIPE, PARA APROVAÇÃO. →

FLUXOGRAMA 2

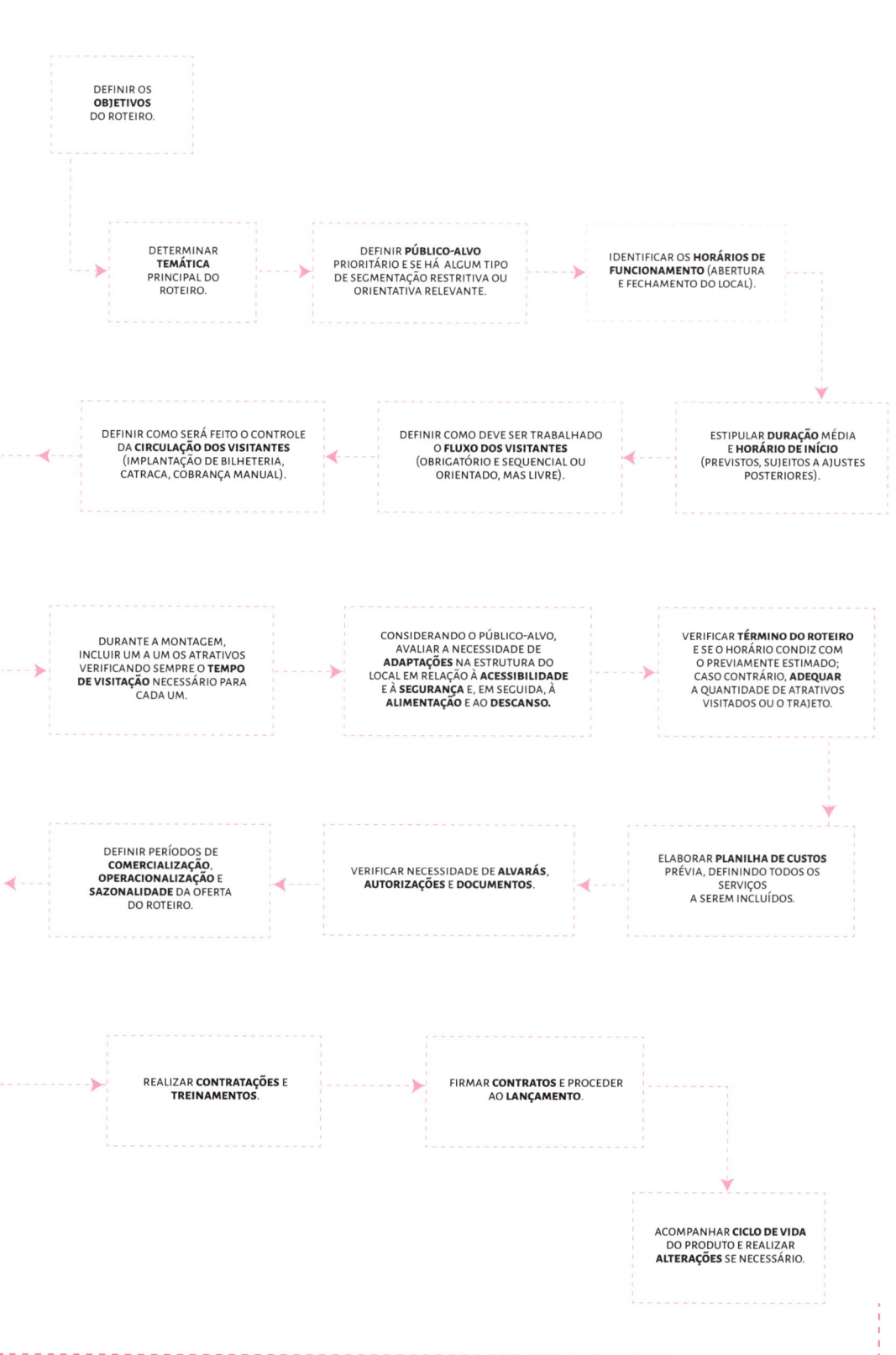

```
┌─────────────────┐
│ DEFINIR OS      │
│ OBJETIVOS       │
│ DO ROTEIRO.     │
└────────┬────────┘
         │
         ▼
┌─────────────────┐    ┌──────────────────────┐    ┌──────────────────────┐
│ DETERMINAR      │    │ DEFINIR PÚBLICO-ALVO │    │ IDENTIFICAR OS       │
│ TEMÁTICA        │───▶│ PRIORITÁRIO E SE HÁ  │───▶│ HORÁRIOS DE          │
│ PRINCIPAL DO    │    │ ALGUM TIPO DE        │    │ FUNCIONAMENTO        │
│ ROTEIRO.        │    │ SEGMENTAÇÃO          │    │ (ABERTURA E          │
│                 │    │ RESTRITIVA OU        │    │ FECHAMENTO DO LOCAL).│
│                 │    │ ORIENTATIVA          │    │                      │
│                 │    │ RELEVANTE.           │    │                      │
└─────────────────┘    └──────────────────────┘    └──────────┬───────────┘
                                                              │
         ┌────────────────────────────────────────────────────┘
         ▼
┌──────────────────────┐   ┌──────────────────────┐   ┌──────────────────────┐
│ DEFINIR COMO SERÁ    │   │ DEFINIR COMO DEVE    │   │ ESTIPULAR DURAÇÃO    │
│ FEITO O CONTROLE DA  │◀──│ SER TRABALHADO O     │◀──│ MÉDIA E HORÁRIO DE   │
│ CIRCULAÇÃO DOS       │   │ FLUXO DOS VISITANTES │   │ INÍCIO (PREVISTOS,   │
│ VISITANTES           │   │ (OBRIGATÓRIO E       │   │ SUJEITOS A AJUSTES   │
│ (IMPLANTAÇÃO DE      │   │ SEQUENCIAL OU        │   │ POSTERIORES).        │
│ BILHETERIA, CATRACA, │   │ ORIENTADO, MAS       │   │                      │
│ COBRANÇA MANUAL).    │   │ LIVRE).              │   │                      │
└──────────┬───────────┘   └──────────────────────┘   └──────────────────────┘
           │
           ▼
┌──────────────────────┐   ┌──────────────────────┐   ┌──────────────────────┐
│ DURANTE A MONTAGEM,  │   │ CONSIDERANDO O       │   │ VERIFICAR TÉRMINO DO │
│ INCLUIR UM A UM OS   │──▶│ PÚBLICO-ALVO,        │──▶│ ROTEIRO E SE O       │
│ ATRATIVOS            │   │ AVALIAR A            │   │ HORÁRIO CONDIZ COM O │
│ VERIFICANDO SEMPRE O │   │ NECESSIDADE DE       │   │ PREVIAMENTE ESTIMADO;│
│ TEMPO DE VISITAÇÃO   │   │ ADAPTAÇÕES NA        │   │ CASO CONTRÁRIO,      │
│ NECESSÁRIO PARA      │   │ ESTRUTURA DO LOCAL   │   │ ADEQUAR A QUANTIDADE │
│ CADA UM.             │   │ EM RELAÇÃO À         │   │ DE ATRATIVOS         │
│                      │   │ ACESSIBILIDADE E À   │   │ VISITADOS OU O       │
│                      │   │ SEGURANÇA E, EM      │   │ TRAJETO.             │
│                      │   │ SEGUIDA, À           │   │                      │
│                      │   │ ALIMENTAÇÃO E AO     │   │                      │
│                      │   │ DESCANSO.            │   │                      │
└──────────────────────┘   └──────────────────────┘   └──────────┬───────────┘
                                                                 │
         ┌───────────────────────────────────────────────────────┘
         ▼
┌──────────────────────┐   ┌──────────────────────┐   ┌──────────────────────┐
│ DEFINIR PERÍODOS DE  │   │ VERIFICAR            │   │ ELABORAR PLANILHA    │
│ COMERCIALIZAÇÃO,     │◀──│ NECESSIDADE DE       │◀──│ DE CUSTOS PRÉVIA,    │
│ OPERACIONALIZAÇÃO E  │   │ ALVARÁS,             │   │ DEFININDO TODOS OS   │
│ SAZONALIDADE DA      │   │ AUTORIZAÇÕES E       │   │ SERVIÇOS A SEREM     │
│ OFERTA DO ROTEIRO.   │   │ DOCUMENTOS.          │   │ INCLUÍDOS.           │
└──────────┬───────────┘   └──────────────────────┘   └──────────────────────┘
           │
           ▼
┌──────────────────────┐   ┌──────────────────────┐
│ REALIZAR             │   │ FIRMAR CONTRATOS E   │
│ CONTRATAÇÕES E       │──▶│ PROCEDER AO          │
│ TREINAMENTOS.        │   │ LANÇAMENTO.          │
└──────────────────────┘   └──────────┬───────────┘
                                      │
                                      ▼
                           ┌──────────────────────┐
                           │ ACOMPANHAR CICLO DE  │
                           │ VIDA DO PRODUTO E    │
                           │ REALIZAR ALTERAÇÕES  │
                           │ SE NECESSÁRIO.       │
                           └──────────────────────┘
```

FLUXOGRAMA 3

- DEFINIR OS **OBJETIVOS** DO ROTEIRO.

- DETERMINAR **TEMÁTICA** PRINCIPAL DO ROTEIRO.

- DEFINIR **PÚBLICO-ALVO** PRIORITÁRIO E SE HÁ ALGUM TIPO DE SEGMENTAÇÃO RESTRITIVA OU ORIENTATIVA RELEVANTE.

- DECIDIR **TIPO DE ROTEIRO** (CITY TOUR, EXCURSÃO/CIRCUITO, PASSEIO).

- ORIENTAR QUANTO AO(S) **TIPO**(S) **DE TRANSPORTE**(S) A SER(EM) UTILIZADO(S).

- INICIAR A **MONTAGEM DO PERCURSO** (LIGAR AO ATRATIVO MAIS PRÓXIMO OU AO MAIS ADEQUADO; NESTE CASO, É NECESSÁRIA ALGUMA EXPLICAÇÃO/OBSERVAÇÃO, CASO A SEQUÊNCIA NÃO SEJA LÓGICA DO PONTO DE VISTA FÍSICO DO PERCURSO).

- DURANTE A MONTAGEM, **INCLUIR** UM A UM OS **ATRATIVOS**.

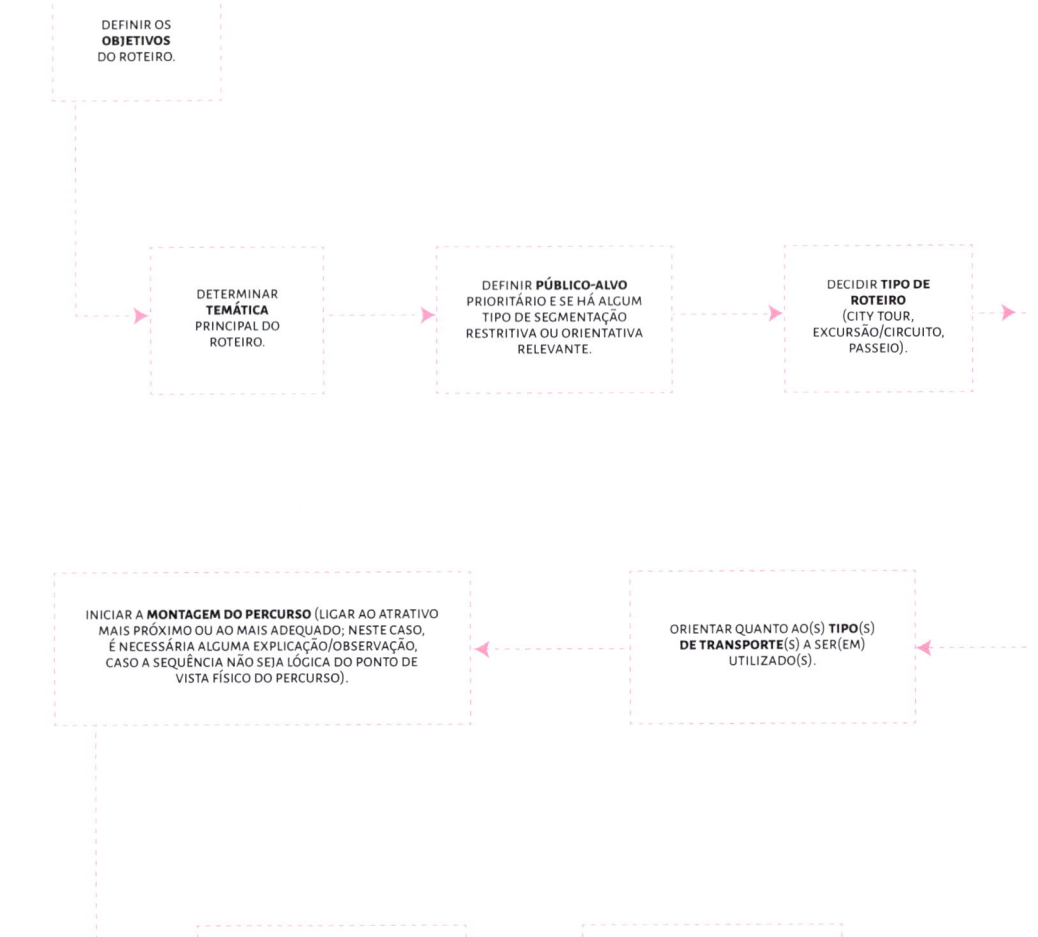

- VERIFICAR NECESSIDADE DE **ALVARÁS**, **AUTORIZAÇÕES** E **DOCUMENTOS** E **INFORMAR**.

TIPO DE ROTEIRO: SUGESTIVO, INDICATIVO, LIVRE, NÃO PODE SER COMERCIALIZADO.

CARACTERÍSTICAS: SEM POSSIBILIDADE DE ALTERAÇÃO OU ADAPTAÇÃO NOS ESPAÇOS VISITADOS.

EXEMPLO DE APLICAÇÃO: PASSEIOS DIVERSOS.

AGENTES ORGANIZADORES: ÓRGÃOS PÚBLICOS, REVISTAS, SITES DE VIAGENS E OUTROS AGENTES NÃO COMERCIAIS.

DEFINIR **ABRANGÊNCIA** E **AMBIENTAÇÃO PRINCIPAL** DO ROTEIRO (URBANA, RURAL OU NATURAL).

→ PREVER **DURAÇÃO** MÉDIA E **HORÁRIO** DE INÍCIO.

→ IDENTIFICAR E **SELECIONAR OS ATRATIVOS** QUE SEJAM MAIS ADEQUADOS, CONSIDERANDO A EQUAÇÃO PARA OS QUESITOS OBJETIVO × TEMÁTICA × PÚBICO-ALVO × ABRANGÊNCIA.

→ **MAPEAR OS ATRATIVOS** SELECIONADOS (IDENTIFICAR A PRINCÍPIO OS HIERARQUICAMENTE MAIS IMPORTANTES E IMPRESCINDÍVEIS).

→ INDICAR/SUGERIR UM **LOCAL DE SAÍDA**.

→ DEFINIR UM **FORMATO DE ROTEIRO.**

→ SUGERIR PAUSAS PARA **DESCANSO, SANITÁRIOS** E **ALIMENTAÇÃO**.

→ DEFINIR **CANAIS DE PROMOÇÃO** E **COMERCIALIZAÇÃO**.

→ ACOMPANHAR **CICLO DE VIDA** DO PRODUTO E REALIZAR **ALTERAÇÕES** SE NECESSÁRIO.

MUDANÇAS, ADEQUAÇÕES E OPORTUNIDADES

Os fluxogramas apresentados são apenas sugestões de procedimentos, pois, como mencionamos anteriormente, cada caso pode exigir determinada ordenação nos procedimentos. Enquanto alguns fluem tranquilamente, outros podem possuir entraves burocráticos que modificam completamente a ordem das tarefas do roteirista, do agente de viagens e de todos os envolvidos na cadeia produtiva.

A elaboração de um roteiro não deve ser encarada de forma definitiva; é preciso verificar, com certa regularidade, se o produto ainda está adequado e é capaz de atingir os objetivos idealizados no início de sua elaboração e se ainda consegue atender às necessidades e características do público-alvo. Essa reavaliação periódica é necessária, pois a sociedade, assim como os interesses das pessoas, está em constante transformação. Quando é notado que determinado roteiro não está mais atendendo a seus objetivos, ele deve ser revisto, para que sejam feitas as devidas adequações.

A readequação de um roteiro deve ser encarada como algo absolutamente corriqueiro na vida de um roteirista. Até porque essas modificações muitas vezes são necessárias e nada têm a ver com a qualidade do roteiro ou a falta dela. São mudanças demandadas por fatores externos à alçada do roteirista. Entre vários exemplos, podemos citar:

- alterações nos atrativos (mudança no horário de funcionamento, encerramento de atividades, novo endereço, má administração e perda de interesse, entre outras);
- alterações no trajeto (obras, mudanças de sentido nas vias, proibições de estacionamento ou circulação de veículos, rodízio de veículos, questões climáticas como enchentes, nevascas, furacões, tempestades, secas, queimadas, quedas de encostas, entre outras);
- alterações no meio de transporte (quebra de veículo, lama, atoleiro).

Todo roteiro é dinâmico e deve ser planejado estrategicamente, checado periodicamente e modificado sempre que se entender necessário, adaptando-o às necessidades do público consumidor e/ou ao momento sociocultural ou econômico no qual se encontra. Muitas vezes, quando analisamos um roteiro que apresenta problemas, descobrimos um novo nicho de mercado, uma nova oportunidade, e produtos são criados; assim, a indicação de que um roteiro deve ser revisto pode se constituir em uma excelente oportunidade para a criação de novos negócios.

De um modo geral, todo roteiro turístico tem seu ciclo de vida atrelado ao ciclo de vida do destino ou é explorado durante o período de crescimento e/ou maturidade de um destino; dessa forma, é interessante estudar a localidade e seu planejamento turístico a fim de definir qual o melhor momento para o lançamento do produto; se o ciclo do roteiro estiver atrelado ao ciclo do destino, tanto melhor. Da mesma forma, o período de saturação de uma localidade turística influencia fortemente o ciclo do destino, indicando qual pode ser o momento para uma mudança de estratégia, a fim de prolongar a maturação do roteiro, renová-lo ou iniciar o processo de encerramento de atividades, acompanhando o declínio natural do produto.

ASPECTOS COMERCIAIS E FINANCEIROS

CAPÍTULO 9

SAVANA NO HWANGE NATIONAL PARK (ZIMBÁBUE).

Os aspectos comerciais e financeiros que envolvem os roteiros podem ser divididos em diferentes áreas. Neste capítulo veremos um pouco melhor como são os vários processos de cobrança e comercialização existentes, assim como é feita a composição dos valores.

PROCESSOS DE COBRANÇA E COMERCIALIZAÇÃO

Os processos de cobrança e comercialização interferem nas características de apresentação do produto final ao cliente. Obviamente esses processos só existem nos roteiros passíveis de serem comercializados. Isso significa que aqueles roteiros descritos no início do livro classificados como livres não possuem tais processos. Embora a comercialização e a cobrança não sejam vinculadas, são muito interdependentes. As principais características a analisar para esses procedimentos são:

- se o roteiro pode ser agendado/reservado ou não;
- se o roteiro é pré ou pós-pago;
- se as saídas são garantidas ou não;
- se o roteiro é comercializado diretamente com o realizador do serviço ou comercializado por terceiros;
- se o roteiro possui preço determinado ou variável;
- como são as políticas de no show, desistências e reembolsos.

ROTEIRO PREVIAMENTE AGENDADO/RESERVADO OU NÃO

Para os organizadores, os roteiros que podem ser agendados e previamente reservados possuem a vantagem de permitir maior previsibilidade da demanda e, consequentemente, melhor organização logística de todos os elementos que os compõem. Tais roteiros tendem a ser mais complexos e podem embutir custos operacionais maiores, bem como pagamento prévio de fornecedores como hospedagem, transportes terceirizados, alimentação, guias, compra de ingressos etc.

O agendamento prévio possibilita determinar, de acordo com o fluxo de demanda existente e de maneira coerente, a quantidade de saídas anuais, mensais, semanais ou até mesmo diárias de determinado produto, conciliando-as com os interesses e capacidades do realizador do serviço e dos outros fornecedores.

Os tipos mais comuns para os roteiros comumente realizados sem reservas são passeios turísticos como city tours panorâmicos, hop on hop off e passeios específicos oferecidos por agências receptivas.

ALGUNS DESSES PRODUTOS, APESAR DE NÃO EXIGIREM, TAMBÉM ACEITAM RESERVAS PRÉVIAS.

ROTEIRO PRÉ OU PÓS-PAGO

Os roteiros, quando pré-pagos, dão maior segurança comercial ao fornecedor, pois os serviços devem ser pagos pelo cliente antes de sua realização.

Os serviços pré-pagos podem ser também vinculados à reserva. Nesse caso, a segurança da empresa é ainda maior, pois, caso o cliente não compareça no dia e na hora marcados para a realização da programação, será considerado no show, e a empresa não perderá os valores investidos.

Com o pagamento antecipado é possível também negociar tarifas para conseguir redução de custos, pois são efetuadas reservas em grandes quantidades nos fornecedores, o que permite a redução nos valores cobrados. Praticamente todos os roteiros turísticos de alta complexidade oferecidos no mercado (excursões, circuitos, cruzeiros e *forfaits*) são passíveis de agendamento e pagamento antecipado.

Em geral, os roteiros não previamente reservados e pagos são mais simples e mais curtos, normalmente só dependendo do próprio prestador de serviço, não incluindo outros serviços que eventualmente possam não estar disponíveis naquele momento. Isso porque, nesses casos, todos os serviços que possam estar embuti-

> TERMO TÉCNICO QUE SIGNIFICA, ESSENCIALMENTE, "AGUARDANDO".

dos também estarão em stand by, ou seja, não estarão confirmados até que algum turista se apresente para sua realização. Nesses casos, quaisquer serviços adicionais são pagos pelo turista diretamente ao fornecedor ao preço de portaria – o qual normalmente é um pouco mais elevado do que os valores negociados (entrada de museus, ingressos em atrações, teleféricos, alimentação etc.).

No caso de roteiros turísticos, o mais comum são os produtos pré-pagos, entretanto existem também algumas (poucas) opções de produtos pagos somente após a realização do serviço.

SAÍDAS GARANTIDAS OU NÃO

Os roteiros podem ser comercializados tendo suas saídas garantidas independentemente da quantidade de passageiros vendidos, ou ser comercializados tendo como condição de saída a venda mínima de determinada quantidade de passageiros. Saída garantida significa que o roteiro será realizado mesmo que a empresa não tenha vendido programas suficientes para cobrir seus custos.

Ao mesmo tempo que é um risco comercializar um roteiro com as saídas garantidas (pois sempre há a possibilidade de perda financeira), garantir sua saída independentemente do número de interessados aumenta de forma expressiva a possibilidade de suas vendas, pois os turistas, de maneira geral, não gostam muito de reservar viagens e passeios dos quais não há certeza de realização.

> GARANTIR A SAÍDA DE UM ROTEIRO INDEPENDENTEMENTE DO NÚMERO DE PESSOAS INSCRITAS É UMA DAS DECISÕES MAIS DIFÍCEIS PARA OS GESTORES DAS EMPRESAS DE TURISMO. APÓS CERTO TEMPO NO MERCADO E COM O CONHECIMENTO APROFUNDADO DE SUA DEMANDA, TORNA-SE MAIS FÁCIL TER UMA EXPECTATIVA DE COMO SERÁ A PROCURA PARA CADA TIPO DE PRODUTO EM CADA UM DOS PERÍODOS. É MUITO DIFÍCIL PREVER COMO A DEMANDA SE COMPORTARÁ FRENTE A LANÇAMENTO DE PRODUTOS, PODENDO SER EXTREMAMENTE RECEPTIVA OU NADA REATIVA.

A vinculação da saída da programação a um mínimo de vendas protege o gestor da empresa do risco de perdas financeiras, porém também reduz consideravelmente sua margem de manobra. Se até determinada data antes do embarque (alguns dias antes) o grupo não estiver "fechado", terá de haver o cancelamento de todas as inscrições recebidas e a devolução dos valores. Isso causa certo desconforto em relação aos passageiros e, também, desconfiança em relação aos fornecedores. Esse cancelamento pode proteger o gestor, mas também pode causar a perda de clientes. É uma equação muito delicada que precisa ser sempre bem avaliada pelos responsáveis.

ROTEIRO COMERCIALIZADO DIRETAMENTE COM O REALIZADOR DO SERVIÇO OU COMERCIALIZADO POR TERCEIROS

A comercialização do produto roteiro pode ser realizada diretamente com o cliente ou por intermédio de terceiros. No ramo turístico, são pouquíssimas as empresas que trabalham de maneira direta. A imensa maioria das agências, transportadoras e operadoras trabalha em sistema de rede, comprando e vendendo produtos umas das outras.

Como todo sistema, a comercialização direta e a indireta têm suas vantagens e desvantagens, e a escolha dependerá das características e dos objetivos do agente organizador do roteiro.

Quadro 9.1
Prós e contras da comercialização indireta e da direta.

Tipo de venda	Vantagens	Desvantagens
Direta	Maior lucro individual.	Menor volume. Responsabilidade por todo o processo de captação dos clientes e pela publicidade.
Indireta	Maior volume.	Menor lucro individual.

Ao optar por realizar a venda direta ao cliente, o prestador de serviço deverá ser o responsável não só por todo o processo de captação dos clientes como também pela divulgação e pela publicidade de seus serviços. Dessa forma, normalmente possuirá um volume de clientes menor, entretanto não precisará pagar comissão a ninguém e sua lucratividade individual será mais alta.

No mercado turístico, o mais comum é que a comercialização dos produtos seja feita por intermediários diretamente voltados ao *trade* turístico, como agência de viagens, operadores, hotéis e sites de viagens. No caso de roteiros turísticos, também existem alguns intermediários menos tradicionais, como bancas de jornal e lojas de conveniência. Assim, consegue-se ampliar o volume de clientes atingido, aumenta-se a divulgação dos produtos e, ao mesmo tempo, pulverizam-se os custos dessa publicidade. A lucratividade por cada cliente é reduzida, mas se ganha no volume de vendas.

Ao montar o preço de venda de um produto, é preciso considerar por quantos intermediários esse produto irá passar para calcular o percentual que cada um deverá receber, a fim de incluir esses valores na composição do custo e torná-lo viável. (Em casos de operações com clientes internacionais, alguns produtos podem chegar a ter quatro ou cinco intermediários.)

PREÇO DETERMINADO OU VARIÁVEL

Por preço determinado entende-se um preço estipulado pelo fornecedor considerando os custos envolvidos na elaboração e no desenvolvimento do roteiro, como custos administrativos, diária do guia e/ou motorista, custos do transporte, entradas/ingressos, alimentação e hospedagem, entre outros.

De maneira geral, praticamente todos os produtos ofertados no mercado turístico possuem preços previamente determinados; ultimamente, entretanto, têm surgido alguns produtos (principalmente, walking city tours) cujo pagamento, feito ao final do roteiro, é deixado para que o cliente estipule o valor de acordo com sua satisfação. Esse tipo de roteiro normalmente é ofertado por conta e risco do próprio guia ou grupo de guias e não implica nenhum outro custo operacional além da diária do profissional – no máximo, os custos referentes a divulgação, como sites e panfletos. Dessa forma, mesmo que os clientes optem por não pagar praticamente nada, o "prejuízo financeiro" seria mínimo.

POLÍTICAS DE NO SHOW, DESISTÊNCIAS E REEMBOLSOS

As políticas de no show, desistências e reembolsos impactam diretamente o processo de comercialização e cobrança. A definição de prazos de desistências para a devolução dos valores pagos é muito importante, principalmente quando o roteiro inclui a contratação de outros fornecedores, como transporte, hospedagem, equipe de apoio e alimentação, entre outros.

Em alguns casos, há a necessidade de definição de prazos com a cobrança de multas de cancelamento, e, quanto mais próximo este for da data de saída do roteiro, maior será a multa pelo cancelamento da viagem. Isso se deve ao fato de muitas vezes ser preciso pagar os fornecedores previamente contratados, mesmo que seus serviços não sejam integralmente utilizados. Em casos de cancelamento em datas muito próximas ao embarque, não há prazo suficiente para revender os lugares reservados e não utilizados, o que pode ocasionar a perda total do valor pago.

COMPOSIÇÃO DE VALORES

A composição dos valores e preços de venda de um roteiro não é uma tarefa simples. Para realizar a composição, é necessário um extenso levantamento de todos os custos embutidos em sua realização. Mesmo que o roteiro seja ofertado de maneira gratuita aos turistas, algum custo é gerado durante sua realização, seja com o desgaste dos equipamentos de transporte e com combustível, seja com pagamento de pessoal, seja com a entrada dos atrativos etc.

No caso dos roteiros gratuitos, os custos existentes – e que não são repassados aos clientes – são subsidiados por algum órgão ou alguma empresa. As únicas exceções consistem naqueles roteiros realizados pelo próprio turista sem auxílio de ninguém, cujos custos são absorvidos pelo próprio turista e que não serão alvo dos conceitos a seguir.

Inicialmente, devemos considerar que o produto "roteiro turístico", quando é comercializado, está inserido em um portfólio de produtos de uma empresa. Para determinar corretamente a composição dos custos de cada um dos produtos, é necessário conhecer os dados dessa empresa, como custos fixos, depreciação dos equipamentos e investimentos, entre outros. Ou seja, não podemos ingenuamente achar que os custos de operação de um roteiro estão limitados à sua própria operação. Os custos operacionais estarão sempre vinculados ao custo total da empresa que o oferece, portanto um mesmo roteiro (exatamente o mesmo) pode ter custos operacionais diferentes se organizados por duas empresas diferentes.

Os custos específicos de um roteiro são compostos basicamente por:

- transporte;
- acompanhamento/guia;

- ingressos/entradas;
- alimentação;
- hospedagem;
- serviços e itens adicionais.

Em todos os itens acima, podemos considerar que, nos roteiros, o rateio dos custos pode ser elaborado de três formas: integralmente, parcialmente identificado e parcialmente estimado.

Quadro 9.2
Formas de rateio de custo dos roteiros.

Forma de rateio	Características	Observações
Integralmente	Para a composição dos valores o cálculo deve considerar o custo integral do item. Quer seja um ingresso para um show, uma passagem de avião, o custo de uma refeição, um traslado para o hotel ou um pernoite em um apartamento.	Consideramos o valor do item "integralmente", ou seja, não entramos em pormenores de "dividir" os custos do veículo que realizou o traslado entre as pessoas que estavam no carro nem levamos em conta se caberiam mais pessoas ou não no apartamento, por exemplo.
Parcialmente identificado	A composição do cálculo dos custos considera somente uma parte do item a ser cobrado, como o custo de um assento no ônibus (tendo o valor do veículo), parte do custo da diária do guia ou os custos administrativos da empresa.	O roteirista sabe exatamente quantas pessoas devem participar do roteiro. Esse tipo de cálculo normalmente é feito para roteiros privativos e grupos pequenos, cujo número de pessoas é certo e previamente conhecido.

(cont.)

O PONTO DE EQUILÍBRIO CONSISTE EM UM INDICADOR QUE MOSTRA QUANTO É NECESSÁRIO VENDER PARA QUE AS RECEITAS SE IGUALEM AOS CUSTOS. ELE INDICA EM QUAL MOMENTO, A PARTIR DAS PROJEÇÕES DE VENDAS DO EMPREENDEDOR, A EMPRESA ESTARÁ IGUALANDO SUAS RECEITAS E SEUS CUSTOS. COM ISSO, É ELIMINADA A POSSIBILIDADE DE PREJUÍZO EM SUA OPERAÇÃO. A LÓGICA DO PONTO DE EQUILÍBRIO MOSTRA QUE, QUANTO MAIS BAIXO É O INDICADOR, MENOS ARRISCADO É O NEGÓCIO.

Forma de rateio	Características	Observações
Parcialmente estimado	A composição do cálculo dos custos considera também somente uma parte do item a ser cobrado, mas aqui, por não se saber a quantidade exata de participantes do grupo, existe apenas uma estimativa de qual será.	É de extrema importância que o organizador saiba calcular o ponto de equilíbrio necessário para que o tour seja lucrativo.

TRANSPORTE

Por custo de transporte entendemos quaisquer custos envolvidos na manutenção do equipamento/veículo de transporte a ser utilizado, como investimento para compra do veículo, depreciação (desgaste), seguro, consertos, troca de peças, manutenção preventiva, manutenção corretiva, combustível, impostos, estacionamentos, lavagens, limpeza interna e higienização, pedágios, taxa de uso de aeroportos/rodoviárias, alimentação, treinamento, acomodação em caso de animais, entre outros.

Os custos incluem ainda o pagamento dos salários ou diárias de motoristas, pilotos, baloneiros ou pessoas habilitadas ao veículo específico.

Por envolver tantos custos e ser de natureza tão complexa, geralmente os organizadores de roteiros optam por terceirizar o serviço de transporte, contratando as empresas transportadoras por serviço único, por contrato mensal ou mesmo anual, dependendo do tipo e do volume de serviços a serem prestados.

No caso de contratos terceirizados, as transportadoras repassam aos roteiristas um valor fechado, único, já embutindo todos os custos, na forma do preço acordado em contrato.

Mesmo em caso de terceirização de serviços, a cobrança feita pelas companhias de transporte pode ocorrer de duas maneiras aos roteiristas:

- **integralmente:** ou seja, informando o custo total por unidade de transporte (por exemplo, custo da locação de um barco, balão ou ônibus, independentemente da quantidade de passageiros que a empresa venha a vender posteriormente);
- **parcial identificado:** isto é, informando o custo por passageiro (por exemplo, o custo de uma passagem de barco ou de ônibus).

ACOMPANHAMENTO/GUIA

Por custo de acompanhamento/guia deve-se entender quaisquer custos envolvidos no pagamento da(s) pessoa(s) que acompanha(m) o roteiro. Podem ser as diárias dos guias de turismo, dos auxiliares e pessoal de apoio, entre outros, bem como todos os custos direta ou indiretamente envolvidos com esses profissionais, como taxas, ingressos, alimentação, hospedagem, uniformes, material de trabalho (bandeirinha, nécessaire, pranchetas, canetas etc.).

INGRESSOS/ENTRADAS

Aqui nos referimos a quaisquer custos envolvidos no pagamento de ingressos e entradas em atrativos a serem visitados pelo grupo, como o ingresso propriamente dito, a taxa administrativa de venda ou mesmo algum outro custo, como taxa de entrega etc. Os ingressos podem ser comprados com antecedência por um menor valor e com a possibilidade de descontos. Há, nesses casos, a garantia de obtenção dos ingressos, porém, caso não sejam vendidos os lugares no roteiro, muitas vezes esses ingressos são perdidos.

O roteirista pode também deixar para comprar os ingressos somente após a existência de um cliente efetivo (eliminando o risco de prejuízo em caso de não venda de todos os lugares). Nessa situação, normalmente os ingressos possuem um preço mais elevado, é maior a dificuldade de obtenção de desconto e não há garantia de ainda existirem ingressos disponíveis para venda ou bons lugares disponíveis, no caso de eventos com lugares marcados.

Em caso de bloqueio ou compra antecipada, a cobrança por parte dos fornecedores para os roteiristas pode ser realizada de duas maneiras:

- **integralmente:** isto é, informando o custo total por evento (por exemplo, o custo da exclusividade de um show para um grupo específico, independentemente da quantidade de ingressos que a empresa venha a vender posteriormente);
- **parcial identificado:** ou seja, informando o custo por ingresso. Como exemplo, temos o custo de um ingresso para os passageiros de um grupo. É a mesma lógica que se aplica à questão do transporte: no caso de informar o custo por passageiro, em geral, a empresa já calcula seu ponto de equilíbrio operacional e informa valores unitários um pouco mais elevados.

ALIMENTAÇÃO

Trata-se de quaisquer valores envolvidos na alimentação dos turistas, como água, lanches, degustações, almoços e jantares. Esses custos somente devem ser considerados parte do roteiro se essa alimentação estiver realmente inclusa nele e não seja paga à parte pelo turista. No caso das refeições pagas à parte pelos turistas, o custo não deve ser contabilizado. De maneira geral, obtém-se desconto ao negociar refeições para grupos, o que faz com que o roteiro se torne mais atrativo, sem que isso onere muito seu valor.

Em caso de bloqueio ou compra antecipada, a cobrança por parte dos restaurantes e outros fornecedores pode ser realizada de duas maneiras:

- **parcial estimado:** ou seja, informando o custo total por grupo composto por uma quantidade estimada de pessoas (por exemplo, o custo da reserva de grupo de uma refeição para um grupo específico);
- **parcial identificado:** isto é, informando especificamente o custo por refeição (por exemplo, o custo de uma refeição para um passageiro de um grupo).

HOSPEDAGEM

Neste quesito são considerados quaisquer custos envolvidos na hospedagem dos turistas. O custo de hospedagem é um pouco mais complexo para computar, pois os meios de hospedagem possuem diferentes tarifas para diferentes tipos de acomodação (apartamentos individuais, duplos, triplos, quádruplos, suítes, coletivos etc.) e suas características (luxo, superluxo, com vista para o mar etc.), e isso precisa ser muito bem discriminado e estar previsto na planilha de custos quando da montagem dos roteiros; é o que chamamos de custo variável do roteiro. Deve-se levar em consideração também que geralmente os hotéis cobram taxa de serviço, a qual pode, ou não, estar inclusa no custo de hospedagem.

Algumas empresas trabalham com sistema de bloqueio integral④ de meios de hospedagem para a realização de seus produtos/roteiros. O sistema de bloqueio integral de um meio de hospedagem em geral oferece maior lucratividade para o operador, principalmente em médias e baixas temporadas. Nesse sistema, é fechado um valor único, total, pelo meio de hospedagem. A empresa/operadora tem autonomia para acomodar os passageiros da melhor maneira, considerando a disponibilidade de apartamentos e camas. Entretanto, assim como na compra antecipada dos ingressos, há o risco de não ocorrer a venda integral dos lugares. Nesse caso, a empresa deve arcar com o custo integral do contrato da hospedagem, tendo ou não vendido todos os lugares de seu roteiro.

④ BLOQUEIO INTEGRAL É UM TERMO TÉCNICO QUE SE REFERE A QUANDO DETERMINADO OPERADOR, AGENTE DE VIAGENS, EMPRESA ORGANIZADORA OU ROTEIRISTA EFETUA ACORDO PARA RESERVAR O MEIO DE HOSPEDAGEM INTEGRALMENTE PARA DETERMINADO GRUPO, POR DETERMINADO PERÍODO.

Em caso de bloqueio ou compra antecipada, a cobrança por parte dos estabelecimentos de hospedagem para o roteirista pode ser realizada de duas maneiras:

- **integralmente:** ou seja, considerando o custo por estrutura de hospedagem (por exemplo, o custo da exclusividade de um hotel para um grupo específico);
- **parcial identificado:** isto é, o custo por apartamento (por exemplo, o custo de um apartamento para uma, duas, três ou quatro pessoas).

SERVIÇOS E ITENS ADICIONAIS

Toda prestação de serviços pode incorrer em custos de serviços e itens adicionais. Alguns desses serviços possuem valores muito baixos, e vários profissionais caem na tentação de não os considerar na composição total dos custos. Entretanto é de extrema importância saber quais são os custos reais de cada um desses serviços, para haver a noção exata sobre se vale a pena ou não continuar investindo nesses pequenos "luxos". E, ainda, se vale a pena (ou não) aumentá-los, pois muitas vezes são esses pequenos mimos, e não os grandes, que mais chamam a atenção dos clientes.

Por custos de serviços adicionais podemos considerar todos os tipos de brindes que sejam ofertados aos clientes e também serviços que fujam do essencial, como a entrega de fones de ouvido e mapas da cidade (no caso de tours hop on hop off); camisetas, bonés ou sacolas de identificação do grupo (para grupos fechados); travesseiros e cobertores (para longos trajetos); equipamentos de mergulho (para roteiros no mar); chapéus, protetores solares e repelentes (para tours na selva ou ao ar livre); kit de primeiros socorros; binóculos (para tours com vistas espetaculares e a animais), entre vários outros possíveis.

Em algumas situações, os itens são dados aos clientes ou consumidores (por exemplo, camisetas, bonés, água, lanches, frutas), e seu custo deve ser considerado integralmente. Nos casos de itens que serão devolvidos (como travesseiros, cobertores, binóculos, equipamentos de mergulho etc.), devem ser considerados somente os gastos com sua obtenção (investimento), com higienização (se for o caso) e com a depreciação causada pelo uso.

Ainda sobre a composição de custos, há duas formas de o fornecedor estabelecer o preço de seu produto a quem o comercializa:

- **preço neto (ou tarifa net):** é o preço "limpo", cobrado pelo fornecedor sem considerar a comissão de venda, ou a comissão do operador do roteiro.

- **preço comissionado:** é o preço cobrado pelo fornecedor incluindo a comissão de venda, ou seja, já com um percentual sobre o custo, que deve ser repassado a quem comercializará o roteiro.

Para a composição da planilha de custos, é interessante trabalhar com um só tipo de preço, a fim de não se confundir ou sobretaxar um item; sugere-se trabalhar sempre com preço neto e calcular a comissão sobre o preço total de venda do roteiro individual ou em grupo.

Em caso de fornecedores que cobrem taxa de serviço, como os meios de hospedagem, vale considerar que o comissionamento incide sobre a tarifa net e não sobre a taxa de serviço. Dessa forma, na planilha de custos pode-se considerar incluir as taxas de serviços por último, sem o percentual de comissão, ou estipular que as taxas de serviço não estão inclusas no roteiro e deverão ser pagas à parte pelos clientes.

Todos os custos mencionados estão diretamente vinculados aos roteiros. No caso de roteiros "únicos", elaborados por uma escola, igreja ou outra entidade que pretenda que o roteiro se pague (com lucro ou não) por si próprio, mas cujo custo não interfira nas finanças da empresa, basta contabilizar os valores citados.

Entretanto, na maioria dos casos os roteiros são parte de uma engrenagem – as empresas de turismo, que deles dependem para seu funcionamento e sua existência. Dessa forma, é necessário que os envolvidos na definição do preço de venda dos produtos tenham noção de alguns conceitos administrativos.

CUSTOS ADMINISTRATIVOS

Para entendimento desse tema, o quadro 9.3 traz conceitos administrativos introdutórios que permitem conhecer os fatores que interferem na composição dos custos de produtos e serviços de maneira geral.

Existem ainda muitos outros conceitos contábeis e administrativos que podem ser importantes na elaboração de preços de venda de produtos. Esses devem ser analisados caso a caso.

Quadro 9.3
Custos administrativos.

Tipo de custo	Descrição	Observações e exemplos
Custos fixos	Aqueles que não sofrem alteração de valor (ou este se altera muito pouco) em caso de aumento ou diminuição da produção/realização dos serviços. Isso significa que, independentemente de a empresa de turismo realizar ou não roteiros, passeios e excursões naquele mês, as contas irão chegar da mesma maneira, com valores muito parecidos aos dos meses anteriores.	São os gastos básicos de "manutenção" da empresa: aluguel, folha de pessoal administrativo, impostos, luz, água, telefone fixo, internet, depreciação de alguns equipamentos, divulgação, folheteria e material de escritório, entre outros.
Custos variáveis	Aqueles que variam diretamente com a quantidade de materiais produzidos ou serviços vendidos, na mesma proporção, ou seja, se a empresa vender 10 vezes mais passeios neste mês, esses custos serão 10 vezes maiores.	Como exemplo, temos gastos com combustível, pessoal terceirizado, ingressos e outros custos específicos de cada roteiro, como hospedagem, alimentação e itens extras, entre outros.

(cont.)

Tipo de custo	Descrição	Observações e exemplos
Depreciação/ desvalorização	A perda de valor dos ativos (bens) imobilizados em razão do desgaste sofrido por sua utilização, por ações da natureza ou por obsolescência.	Equipamentos de transporte, tanto os veículos (avião, ônibus, carro) como os alternativos (bicicletas, balões, botes, cavalos etc.).
Comissão de vendas	O valor (normalmente percentual) que incide sobre o preço de venda unitário do cliente final.	Alguns tipos de roteiros são vendidos por uma longa cadeia de intermediadores, e cada um deles precisa receber um valor de comissão que torne atraente sua comercialização.
Custo de venda	Também chamado de custo de comercialização, refere-se aos custos que incidem sobre o preço de venda final do produto de forma percentual, ou seja, varia proporcionalmente à quantidade de venda.	Tributos como o Imposto sobre Circulação de Mercadorias e Serviços (ICMS), o Imposto de Renda da Pessoa Jurídica (IRPJ) e a Contribuição para o Financiamento da Seguridade Social (Cofins), entre outros.
Margem de contribuição	Representa quanto do lucro da venda de cada produto contribui para a empresa cobrir todos os seus custos e despesas fixas (chamados de custos de estrutura) e ainda gerar lucro.	Com base na margem de contribuição é possível calcular a quantidade mínima de produtos que a empresa precisará vender. Ou seja, com quanto cada produto contribui para compor o resultado final da empresa.

(cont.)

Tipo de custo	Descrição	Observações e exemplos
Capacidade produtiva	É a quantidade máxima de produtos ou serviços que a empresa pode produzir em um determinado intervalo de tempo. Isso significa calcular quantas horas e dias efetivos de trabalho o produto/serviço demora para ser realizado e, consequentemente, quantas vezes por dia/semana é possível realizá-lo. Quanto mais rápido um produto é produzido, maior a capacidade produtiva da empresa; quanto mais demorado, menor a capacidade produtiva da empresa em relação a determinado serviço.	É preciso também considerar as possibilidades e impossibilidades que são externas à empresa, como questões climáticas impeditivas, feriados, atrações somente em determinadas épocas do ano, restrições de visitação etc. Todas essas características precisam ser consideradas no cálculo do preço de venda.
Preço de venda	O preço de venda ideal é aquele que cobre todos os custos e despesas e ainda permita a existência de lucro para a empresa.	O preço de venda deve ser competitivo e, na medida do possível, melhor que o da concorrência. Deve permitir a manutenção do cliente e a expansão das vendas.
Projeção de vendas	Também chamada de previsão de vendas, é uma estimativa de venda do produto.	Para fazer essa projeção, é preciso olhar vendas passadas de roteiros da empresa, ações programadas da empresa (como campanhas de marketing), referências da concorrência ou mesmo fatores externos, como a economia do país.

O cálculo dos custos administrativos geralmente é de responsabilidade do setor financeiro da empresa, e não do roteirista. Fazer as projeções de vendas, calcular tributos, definir quanto a empresa deve faturar para cobrir seus custos e obter lucro, fazer uma reserva com objetivo de segurança ou expansão são tarefas complicadas, que devem ser executadas por quem realmente entende do assunto, como os profissionais do setor financeiro em conjunto com os gestores da empresa. Cabe ao roteirista receber as informações necessárias do setor financeiro para proceder à planilha de custos de cada roteiro criado.

SISTEMA DE INFORMAÇÃO

CAPÍTULO 10

CASTELO DE BRAN, CONHECIDO COMO "CASTELO DO DRÁCULA", NA TRANSILVÂNIA (ROMÊNIA).

Por sistema de informação podemos entender a forma escolhida pelo roteirista para as informações referentes ao roteiro serem passadas aos turistas. Você deve estar se perguntando: mas é obrigatório existir um sistema de informação? Resposta: sim! Se não houver um sistema de informação, como o turista saberá qual foi o roteiro elaborado? Quais seus componentes? Quais os próximos atrativos? Qual o caminho a seguir? Não há como, certo?

Os sistemas de informação são utilizados de maneira diferente em diversos momentos da realização de um roteiro: antes da compra do produto (como fator decisório para sua aquisição), durante a realização do roteiro (como facilitador e transmissor de informações) e até mesmo após a viagem (como recordação).

Pode parecer estranho à primeira vista, mas a existência de um roteiro pré-estruturado está baseada de certa maneira na existência de um sistema de informação, quer seja ele formal ou informal, físico ou não, oficial ou extraoficial. Praticamente todos os roteiros utilizam mais de uma forma de transmitir as informações ao público. Cabe ao roteirista e aos planejadores escolher as melhores opções para cada caso.

Existem dois tipos básicos de sistemas de informação: ativos e passivos.

- **Sistemas de informação ativos:** aqueles que se adiantam às dúvidas das pessoas e transmitem as informações independentemente das dúvidas que possuam. Por exemplo, a televisão e o rádio, os quais nos trazem informações sem que procuremos por elas especificamente.

- **Sistemas de informação passivos:** aqueles nos quais as informações estão disponibilizadas, porém há necessidade de que o interessado as procure. Por exemplo, a internet e os livros. Não abordaremos aqui as placas de sinalização e similares como sistemas de informação, pois já as incluímos no tópico "sinalização" (ver página 137).

A divulgação de um novo produto é fundamental para o sucesso de vendas, afinal não se compra aquilo cuja existência não é conhecida. Assim como há diversos tipos de roteiros, existem diferentes maneiras de realizar sua divulgação de acordo com suas características, e aqui não caberia indicar as melhores. Os principais e mais utilizados sistemas de informação⑨ para roteiros são aplicativos e sites, audioguias, folhetos, guias de turismo, guias impressos e mapas.

⑨ APRESENTADOS NESTE CAPÍTULO EM ORDEM ALFABÉTICA, E NÃO CONFORME A IMPORTÂNCIA.

APLICATIVOS E SITES

Os aplicativos são extremamente importantes para o desenvolvimento do turismo nas localidades. Eles, por essência, trabalham com roteiros livres e não estruturados e necessitam de um smartphone, tablet ou computador para funcionar, além de plano de dados de internet do próprio turista ou wi-fi disponibilizada por algum local (público ou privado).

Nesses aplicativos, os turistas conseguem obter as informações sobre atrativos, horários de funcionamento, valores, como chegar e transporte público, entre outras importantes. Entretanto, as informações obtidas costumam ser relativamente superficiais sobre cada um dos locais a serem visitados.

Apesar de bastante avançado tecnologicamente, é um sistema de informações gerido e ativado pelo próprio turista, ou seja, é passivo, e muitas vezes as informações se perdem no meio de tanta tecnologia. Alguns dados não são encontrados, pois o turista não sabe onde procurá-los, e muitas vezes as informações não são acessadas, pois o turista nem sequer sabe que existem.

AUDIOGUIAS

Em casos nos quais a presença do guia de turismo consiste somente na transmissão de informações do roteiro, pode-se optar pelo sistema de audioguia. O audioguia é um sistema de gravação que permite a descrição dos passeios com o uso de dispositivos eletrônicos e digitais de voz. O turista recebe e acessa as informações sobre o que está sendo visto ou visitado, sem que haja a necessidade de um guia fisicamente presente.

Em roteiros como city tours hop on hop off, é bastante comum encontrar audioguias automáticos nos ônibus que realizam o percurso. Nos veículos, cada turista recebe um fone de ouvido, com o qual pode acessar o painel de controle e pode escolher ouvir as informações em uma das várias opções de idioma disponíveis. O sistema funciona de modo que, ao se aproximar do ponto turístico específico, o áudio é disparado, e todos os turistas ouvem.

Outro equipamento disponível é o audioguia individual, que pode ser tanto via equipamento como via aplicativo para celular. Esses equipamentos normalmente são utilizados para roteiros de visitações internas a atrativos, indústrias e exposições. Cada item no atrativo possui uma numeração. Ao se aproximar do atrativo, o turista seleciona o número, e o equipamento dispara a gravação do áudio com as informações referentes àquele item. Esse equipamento permite que cada turista realize a visitação em seu próprio ritmo, visitando somente as atrações de seu interesse.

O AUDIOGUIA TEM COMO VANTAGEM A POSSIBILIDADE DE AS INFORMAÇÕES PODEREM SER REVISADAS PELOS ORGANIZADORES DIVERSAS VEZES ANTES DE SER DEFINIDO O DISCURSO FINAL. DESSA FORMA, GARANTE-SE A APRESENTAÇÃO APROFUNDADA SOBRE UM DETERMINADO TEMA E QUE TODAS AS INFORMAÇÕES RELEVANTES SEJAM TRANSMITIDAS DA MANEIRA MAIS CLARA E DIDÁTICA POSSÍVEL. NO ENTANTO, HÁ A DESVANTAGEM DE NÃO PODER SE ADEQUAR ÀS TRANSFORMAÇÕES CONSTANTES QUE OCORREM NOS DIVERSOS ESPAÇOS (PRINCIPALMENTE OS URBANOS), APRESENTANDO-SE COMO UM FORMATO UM POUCO DISTANCIADO DA REALIDADE VIGENTE. OUTRA DESVANTAGEM É A LINGUAGEM UTILIZADA, QUE NÃO PODE ESTAR EM SINTONIA COM O GRUPO, COMO CONSEGUE FAZER UM GUIA DE TURISMO.

FOLHETOS

A folheteria turística é uma das maneiras mais comuns de divulgação. Nos últimos anos, tem perdido bastante terreno para a divulgação on-line, entretanto ainda permanece como uma das principais formas de divulgação em feiras, eventos, agências de turismo e postos de informação turística das cidades.

Normalmente os folhetos trazem informações visuais, como fotografias, dados demográficos, telefones de emergência, mapas, nomes dos principais atrativos visitados etc., pois não possuem espaço para maior aprofundamento. Podem ser utilizados também como informativo da programação, apresentando locais e horários de encontro, bem como de saída, além de contato dos responsáveis.

GUIAS DE TURISMO

Os guias de turismo, em oposição aos audioguias, não são estanques; geralmente não têm tempo de revisar suas informações antes de definirem sua fala final. Dessa forma, não é possível garantir a apresentação de informações de maneira uniforme sobre determinado tema nem que todas as informações relevantes referentes a determinado assunto serão transmitidas da maneira mais clara e didática possível. Entretanto, o guia possui aquele "algo a mais" que a máquina e a inteligência artificial ainda não conseguem substituir.

A utilização do guia de turismo como sistema de informação para o roteiro é muito mais do que meramente relativo a aspectos históricos ou dados geográficos. As informações podem incluir peculiaridades sobre a localidade em questão (cultura, hábitos, costumes). O guia de turismo, além de poder passar informações sobre a programação do roteiro, pode falar mais sobre a localidade, os atrativos, as curiosidades, as lendas, qualquer informação que considere relevante para o público em questão, levando em conta suas características.

Uma das vantagens da utilização de um guia de turismo como sistema de informação está no fato de ele providenciar informações ativamente durante os passeios, além de poder tirar dúvidas mais específicas e aprofundadas dos turistas em relação a aspectos nem sempre tão óbvios ou facilmente disponíveis.

GUIAS IMPRESSOS

Assim como os aplicativos, os guias impressos possuem roteiros elaborados, em sua maioria roteiros livres e não estruturados. Os guias impressos costumam conter informações sobre atrativos, horários de funcionamento, valores, como chegar e transporte público, entre outras relevantes para melhor aproveitamento da localidade e do roteiro em si. Apresentam bastante informação, apesar de não possuírem a capacidade de atualização constante, o que requer que o turista confirme todas as informações antes de efetivamente realizar o roteiro.

MAPAS

É muito comum a escolha de mapas como sistema de informação para a realização de roteiros, principalmente em ambientes naturais e rústicos. Os mapas podem ser produzidos em conjunto com fornecedores parceiros, para reduzir os custos de elaboração e de distribuição. Normalmente nos mapas estão incluídas algumas informações importantes, como telefones de urgência, endereços e telefones de hospitais, postos de saúde e farmácias.

INFORMAÇÕES RELEVANTES AOS GESTORES

Embora não muito comum, pode ser que o roteirista precise apresentar o roteiro elaborado a seus gestores. Via de regra, quem solicita o roteiro ao roteirista para ser elaborado é o gestor, o proprietário, ou mesmo o setor de pesquisas – vai depender da dinâmica da empresa, do tamanho etc., sem que o roteirista precise "convencer" o gestor sobre o lançamento do produto elaborado.

Ainda assim, caso o roteirista fique livre para a criação de roteiros por conta própria, alguns fatores devem ser levados em conta:

- o público-alvo com o qual a empresa já trabalha;
- os demais produtos da empresa, para o roteiro não entrar em conflito e concorrer com outro;
- a disponibilidade financeira para lançamento de novo produto.

Quando da apresentação do produto aos gestores, é fundamental que o roteirista esteja seguro de todas as informações coletadas, das pesquisas realizadas, e certo de que o roteiro tenha muito a agregar na prateleira de produtos da empresa. Entre os fatores a destacar para os gestores, temos:

- descrição do roteiro (informar o que for importante para a operação);
- público-alvo (caso a empresa trabalhe com mais de um);
- justificativas para a escolha do destino/serviço/produto ou da experiência;
- pontos fortes;
- ineditismo;
- diferencial(is);
- tempo de implantação previsto;
- potencial de lucratividade;

- e o que for relevante para esse roteiro. Por exemplo, se foi elaborado:
    - para substituir outro cujo ciclo de vida esteja em declínio;
    - para ampliar o público-alvo, visando a uma demanda potencial reprimida;
    - para promoção da empresa ou com objetivo específico (algum evento ou feira etc.).

O importante é buscar encantar a pessoa que está conhecendo o produto, como faria com um consumidor final. Essa apresentação pode acabar se constituindo, inclusive, em uma oportunidade para aprimorar ainda mais o roteiro que será colocado no mercado e disponibilizado ao público.

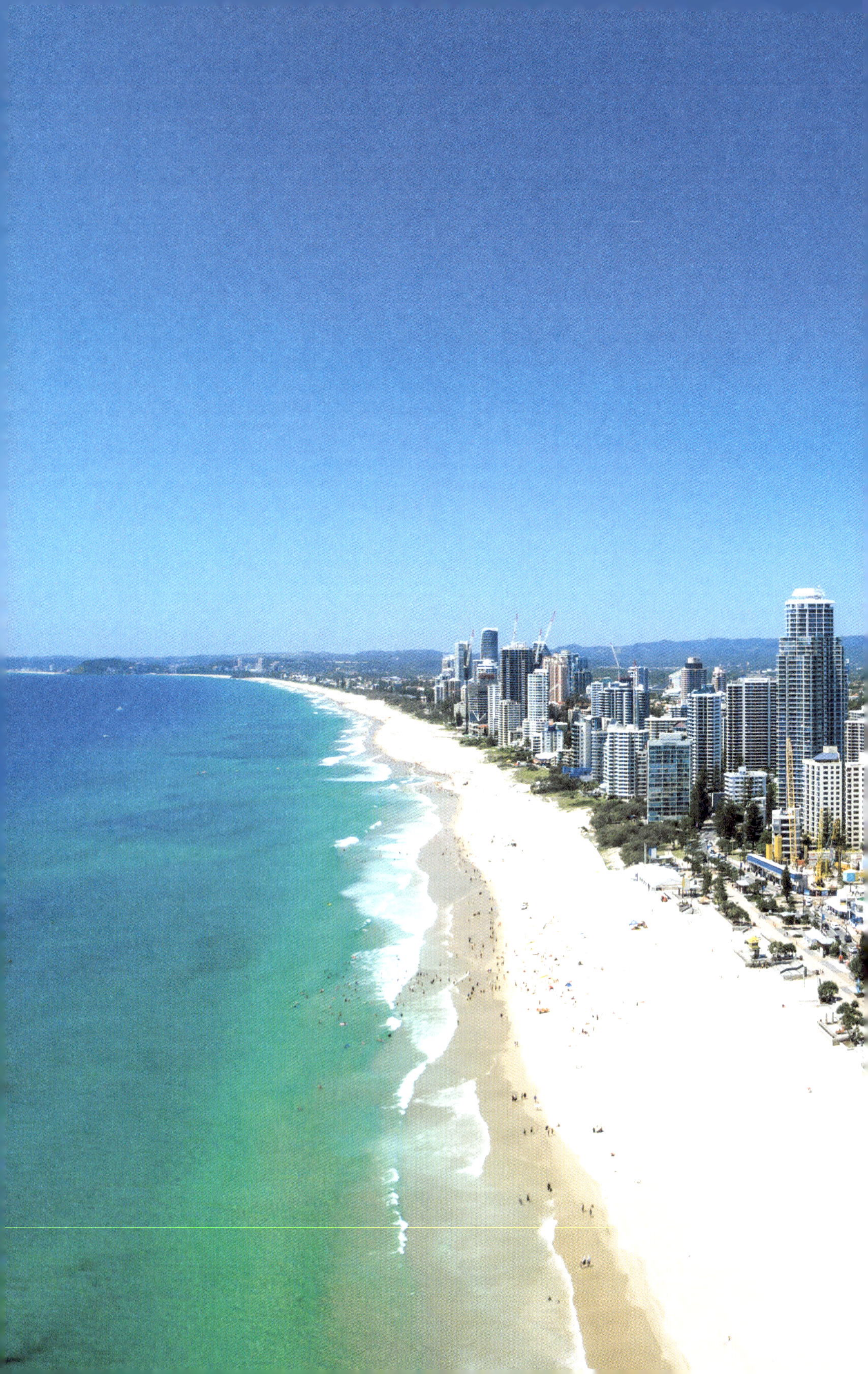

SURFERS PARADISE, GOLD COAST (AUSTRÁLIA).

REFERÊNCIAS

BAHL, M. **Viagens e roteiros turísticos**. [S. l.]: Protexto, 2004.

BOO, E. **Ecotourism**: the potentials and pitfalls. [S. l.]: World Wildlife Fund, 1990.

BORBA, F. S. **Dicionário Unesp do português contemporâneo**. [S. l.]: Editora da Unesp, 2005.

BRASIL. Ministério do Turismo. **Manual para o desenvolvimento e a integração de atividades turísticas com foco na produção associada**. Brasília, DF: Ministério do Turismo, 2011.

BRASIL. Ministério do Turismo. **Programa de regionalização do turismo**: diretrizes. Brasília, DF: Ministério do Turismo, 2013.

BRASIL. Ministério do Turismo. **Roteiros do Brasil**: módulo operacional 7. Brasília, DF: Ministério do Turismo, 2007.

BRASIL. Ministério do Turismo. **Segmentação do turismo e o mercado**. Brasília, DF: Ministério do Turismo, 2010.

BRASIL. Ministério do Turismo. **Acesso à informação pública**. Disponível em: http://acessoainformacao.turismo.gov.br/perguntas.php. Acesso em: 22 nov. 2019.

BRASIL. Ministério do Turismo. **Dados e fatos**. Disponível em: http://www.dadosefatos.turismo.gov.br/gloss%C3%A1rio-do-turismo/885-d.html. Acesso em: 22 nov. 2019.

BRASIL. Ministério do Turismo. **Módulos operacionais do Programa de Regionalização**. Disponível em: http://www.turismo.gov.br/assuntos/5298-m%C3%B3dulos-operacionais-do-programa-de-regionaliza%C3%A7%C3%A3o.html. Acesso em: 5 fev. 2018.

BRASIL. Ministério do Turismo. **Variedade marca as 13 regiões turísticas da Bahia**. Disponível em: http://www.turismo.gov.br/ultimas-noticias/4617-variedade-marca-as-13-regioes-turisticas-da-bahia.html. Acesso em: 28 nov. 2018.

CALDAS AULETE, F. J.; VALENTE; A. L. S. **Dicionário online Caldas Aulete**. Lexikon, 2019.

CHIMENTI, S.; TAVARES, A. M. **Guia de turismo**: o profissional e a profissão. São Paulo: Editora Senac São Paulo, 2007.

CIRCUITO DAS ÁGUAS PAULISTA. **Hotéis e pousadas Circuito das Águas SP**. Disponível em: https://www.circuitodasaguaspaulista.com.br. Acesso em: 9 ago. 2018.

DEUTSCHE ZENTRALE FÜR TOURISMUS. **Frankfurt**: museu de tudo o que é verdadeiramente bom e belo. Disponível em: http://www.germany.travel/pt/cidades-e-cultura/cidades/magic-cities/frankfurt.html. Acesso em: 9 ago. 2018.

DICAS E ROTEIROS DE VIAGENS. **Descubra a rota romântica na Alemanha**. Disponível em: https://dicasroteirosviagens.com/. Acesso em: 27 abr. 2018.

FERREIRA, A. B. H. **Novo dicionário eletrônico Aurélio versão 7.0**. 5. ed. Positivo, 2019.

FUNDO DAS NAÇÕES UNIDAS para a Infância. **Convenção sobre os direitos da criança**. Disponível em: https://www.unicef.org/brazil/convencao-sobre-os-direitos-da-crianca. Acesso em: 22 nov. 2019.

Gavalas, D. *et al*. Mobile recommender systems in tourism. **Journal of Network and Computer Applications**, v. 39, 2014.

GAVALAS, D. *et al*. The eCOMPASS multimodal tourist tour planner. **Experts Systems with Applications**, v. 42, n. 21, 2015.

GONÇALVES, L.; RIBEIRO, R. M. Rota e roteiro: desafios para uma nova conceituação. *In*: Fórum Internacional de Turismo Iguassu, 2015, Foz do Iguaçu. **Anais** [...] Foz do Iguaçu: [*S. n.*], 2015.

GONZÁLEZ, A. Japão quer transformar Rota dos 88 Templos em seu Caminho de Santiago. **El País**, 7 set. 2015.

GRAYLINE. **Book New York city tours & things to do in New York City**. Disponível em: https://www.grayline.com/things-to-do/united-states/new-york-city/. Acesso em: 28 abr. 2018.

GUIA GEOGRÁFICO ÁFRICA DO SUL. **Vinhos da África do Sul**. Disponível em: http://www.africa-turismo.com/africa-do-sul/rota-vinhos.htm. Acesso em: 9 ago. 2018.

INSTITUTO DA ESTRADA REAL. **A Estrada Real**. Disponível em: http://www.institutoestradareal.com.br/estradareal. Acesso em: 16 abr. 2018.

KOTILOGLU, S. *et al*. Personalized multi-period tour recommendations. **Tourism Management**, v. 62, 2017.

KOTLER, P. **Administração de marketing**. 10. ed. São Paulo: Atlas, 2000.

KOTLER, P. **Administração de marketing**. 4. ed. São Paulo: Atlas, 1995.

KRIPPENDORF, J. **Sociologia do turismo**: para uma nova compreensão do lazer e das viagens. Rio de Janeiro: Civilização Brasileira, 1989.

LEW, A.; McKERCHER, B. Modeling tourist movements: a local destination analysis. **Annals of Tourism Research**, v. 33, n. 2, 2006.

McKERCHER, B.; LAU, G. Movement patterns of tourists within a destination. **Tourism Geographies**, v. 10, n. 3, 2008.

MINAS GERAIS (Estado). Decreto n. 43.321, de 8 de maio de 2003. **Lex**: coletânea de legislação e jurisprudência, Minas Gerais, 2003.

MONTEJANO, J. **Estrutura do mercado turístico**. São Paulo: Rocca, 2001.

PARK, J.-Y.; JANG, S. (SHAWN). Confused by too many choices? Choice overload in tourism. **Tourism Management**, v. 35, abr. 2013.

QUEIROZ, R. Governo de SP lança rota trekking com 92 quilômetros. **Portal PANROTAS**, 2 set. 2016.

RODRÍGUEZ, B. *et al*. Interactive design of personalised tourism routes. **Tourism Management**, v. 33, 2012.

ROTEIROS CIRCUITO DO OURO. **Mapas do circuito**. Disponível em: http://circuitodoouro.tur.br/mapas-circuito/. Acesso em: 9 ago. 2018.

ROTEIROS EM MOTORHOMES nos Estados Unidos combinam atrações e acampamentos com infraestrutura completa. **O Globo**, 6 ago. 2015.

SECRETARIA DE ESTADO DE TURISMO DO ESPÍRITO SANTO. **Circuitos turísticos destacam diversidade cultural do Espírito Santo**. Disponível em: https://setur.es.gov.br/circuitos-turisticos-destacam-diversidade-cul. Acesso em: 9 ago. 2018.

SENAC-MG. **DescubraMinas**. Disponível em: http://www.descubraminas.com.br/Turismo/CircuitoDetalhe.aspx?cod_circuito=115. Acesso em: 9 ago. 2018.

SILVA, G.; NOVO, C. **Roteiro turístico**. Manaus: Centro de Educação Tecnológica do Amazonas, 2010.

SOUZA, A.; CORREA, M. **Turismo**: conceitos, siglas e definições. 2. ed. Manaus: Valer, 2000.

SPICY. **Holanda**: circuitos gastronômicos na terra do gouda. Disponível em: http://blog.spicy.com.br/holanda-circuitos-gastronomicos-na-terra-gouda/. Acesso em: 9 ago. 2018.

TAVARES, A. M. **City tour**. São Paulo: Aleph, 2002.

WEISSBACH, P. R. M. Roteiro turístico: definindo uma base conceitual. *In*: XV Seminário Interinstitucional de Ensino, Pesquisa e Extensão, 2010, Cruz Alta. **Proceedings** [...] Cruz Alta: Unicruz, 2010.

WOOD, D. **Como as crianças pensam e aprendem**. São Paulo: Loyola, 2003.

ÍNDICE GERAL

A pé (walking tour) 57

Abrangência territorial 47

Acessibilidade 90, 136

Acomodação 179

Acomodações 85

Acompanhamento 103, 106, 181

Acompanhamento/guia 213

Afinidade de gostos e interesses/temática 108

Agradecimentos 9

Alimentação 149, 182, 214

Ambientação natural 66

Ambientação predominante 62

Ambientação rural 65

Ambientação urbana 62

Aplicativos e sites 225

Articulação das diversas formas de classificação, A 70

Aspectos comerciais e financeiros 202

Aspectos da profissão de roteirista e do mercado turístico 18

Atividades e ludicidade 82, 85

Atrações sensoriais 104

Atrativos e serviços 96

Atrativos estruturados e atrativos não estruturados 128

Atrativos incompatíveis entre si ou com "terminalidade" 159

Audioguias 225

Autorizações 134

Banco de dados 129

Brindes/lembranças 183

Cadeirantes 95

Caminhos, estradas e rotas 29

Capacidade de carga 138

Características dos roteiros conforme os diferentes públicos 72

Categorias de atrativos 127

Classificação e elementos componentes dos roteiros 38

Com tempo de parada para visitação predefinido 167

Com tempo de parada para visitação variável 169

Composição de valores 210

Composição do grupo de participação 48

Comunicação 100

Conceitos 14

Condição física 93

Custos administrativos 217

Deficiência 94

Demanda prioritária 67

Descanso, sanitários e alimentação 81, 91

Distâncias e tempo de deslocamento 170

Duração 60

Escolha dos atrativos, A 125

Espaço físico 134

Estrutura 49

Etnia/local de origem 106

Excursões, circuitos, escorted tours e pacotes 24

Faixa etária 78

Ferroviário e metroviário 54

Fluvial e lacustre 57

Fluxograma 1 194

Fluxograma 2 196

Fluxograma 3 198

Fluxogramas para elaboração de roteiros 194

Folhetos 227

Forma de locomoção 51

Forma de organização 41

Formato dos roteiros 152

Formato dos roteiros, horários, sequência de atrativos e tempos de visitação e deslocamento 150

Frequência de oferta 36

Grau de dificuldade ou intensidade 69

Guia acompanhante 106

Guias de turismo 227

Guias impressos 228

Hierarquia 132

Horário de realização 163

Horários 80, 84, 91

Horários de visitação incompatíveis 158

Hospedagem 215

Importância 161

Informação 104

Informações complementares 117

Informações relevantes aos gestores 229

Ingressos 184

Ingressos/entradas 213

Introdução 10

Ludicidade 141

Mapas 228

Marítimo 55

Montagem do itinerário 188

Mudanças, adequações e oportunidades 200

Nomes e significados de produtos turísticos 22

Nota do editor 7

Objetivo do produto, O 122

Objetivos 105

Orientações quanto ao escopo 114

Orientações quanto às perguntas 114

Orientações quanto às respostas 116

Os agentes realizadores 32

Paisagem 161

Paradas 175

Pesquisa de mercado 110

Pessoas com deficiência auditiva 99

Pessoas com deficiência intelectual 105

Pessoas com deficiência visual 102

Pessoas com dificuldades de locomoção 97

Políticas de no show, desistências e reembolsos 209

Preço determinado ou variável 209

Processos de cobrança e comercialização 204

Profissional, O 20

Público adulto 86

Público de terceira idade 88

Público infantil 78

Público jovem 82

Quem faz 16

Questões ambientais e climáticas 144

Questões estruturais, escolha dos locais e aspectos climáticos 120

Referências 234

Roteiro comercializado diretamente com o realizador do serviço ou comercializado por terceiros 207

Roteiro pré ou pós-pago 205

Roteiro previamente agendado/reservado ou não 204

Roteiros aranha (roteiros com cidade base ou com hub) 155

Roteiros circulares 154

Roteiros combinados 155

Roteiros comercializáveis 46

Roteiros de dois ou mais dias 62

Roteiros de grupos de turistas de diversos lugares 49

Roteiros de poucas horas a meio dia 60

Roteiros de um dia 61

Roteiros diurnos 163

Roteiros históricos 157

Roteiros intermediários 156

Roteiros lineares (percursos só de ida) 153

Roteiros livres 42

Roteiros não comercializáveis 46

Roteiros noturnos 165

Roteiros previamente estruturados 45

Roteiros privativos e/ou de grupos exclusivos 48

Roteiros que interferem no espaço físico 135

Roteiros que não interferem no espaço físico (roteiros somente como prestação de serviços) 143

Roteiros semicirculares 154

Roteiros temáticos 158

Saídas garantidas ou não 206

Saúde 89

Segurança 79, 83, 106, 142, 148, 162

Seguros 185

Sem parada para visitação/somente passagem externa 166

Sequência das visitações 157

Serviços e itens adicionais 216

Serviços extras 186

Serviços inclusos no roteiro 176

Sexo/gênero 92

Significado alternativo do termo circuito 26

Sinalização 137

Sistema de informação 222

Tempo de visitação dos atrativos 166

Tração animal 59

Trajeto e segurança 103

Trânsito 162

Transporte 212

Transporte aéreo 51

Transporte e deslocamento 96

Transporte interno 187

Transporte rodoviário 53

Trilhas e outros roteiros em ambientes naturais 147

Trilhas, rallies, expedições, passeios, visitas, tours 30

Uso do termo excursão no Brasil 25

Uso do termo pacote 28